Windows 10 Update Frühjahr 2020

Alles zum großen 20H1-Update

Wolfram Gieseke

Windows 10 Update Frühjahr 2020

Alles zum großen 20H1-Update

Alle neuen Funktionen

Änderungen & Optimierungen

Der neue Edge-Browser im Detail

Die Deutsche Nationalbibliothek verzeichnet diese Publikation in der Deutschen Nationalbibliografie; detaillierte bibliografische Daten unter http://dnb.dnb.de

© 2020 Wolfram Gieseke

Herstellung und Verlag: BoD – Books on Demand, Norderstedt

ISBN: 978-3-7519-4881-4

Vorwort

Auch im Frühjahr 2020 liefert Microsoft wieder ein großes Funktionsupdate für Windows 10 aus. Obwohl wenn man diesmal spektakuläre Höhepunkte vermisst, umfasst es eine Vielzahl von Neuerungen und Optimierungen, bei denen wohl für jeden etwas Interessantes dabei ist. 

Dieses Buch führt Sie durch die vielen kleinen Änderungen und Ergänzungen, die man sonst kaum alle auf eigenen Faust aufspüren kann. Und auch unter der Haube hat sich manches getan, das man nicht mal auf den zweiten Blick finden würde.

Ein weiterer Schwerpunkt dieses Buches ist der neue Edge-Webbrowser auf Chromium-Basis. Er gehört zwar nicht direkt zum 20H1-Update und wird schon seit Jahresbeginn auch auf älteren Windows-Versionen als optionales Update verteilt. Aber ich nutze die Gelegenheit, um meine Leser auch beim Thema Edge auf den aktuellen Stand zu bringen und die interessantesten neuen Funktionen des Browsers vorzustellen.

Wolfram Gieseke

Inhaltsverzeichnis

1. Neues in der Windows-Oberfläche

Das Windows 20H1-Update umfasst diesmal eine Vielzahl von kleineren Verbesserungen, Änderungen und Ergänzungen. Ein klarer Themenschwerpunkt lässt sich nicht ausmachen (abgesehen vom neuen Edge-Browser, der aber unabhängig von diesem Update veröffentlicht wurde). Deshalb widme ich das erste Kapitel den Neuerungen, die auf der Windows-Oberfläche und in den Einstellungen früher oder später ins Auge fallen. Im nächsten Kapitel wende ich den Blick dann unter die Haube auf die weniger offensichtlichen Veränderungen.

Schnellsuchen in der Taskleiste

Wenn Sie mit der Maus in das Suchfeld der Taskleiste klicken, finden Sie im dann angezeigten Dialog nun den Abschnitt *Schnellsuche* mit mehreren Schaltfläche wie *Wetter*, *Top Nachrichten* oder dem *Bing Quiz*. Das sind Abkürzungen für häufig an dieser Stelle durchgeführte Online-Suchen. Anstatt einen entsprechenden Suchbegriff eintippen zu müssen, klicken Sie auf die passende Schnellsuche-Schaltfläche und Windows präsentiert Ihnen die Informationen direkt im Suchdialog.

Schnellsuchen in Version 1909

Eventuell wundern Sie sich, weil Schnellsuchen sich auch auf Rechnern mit Windows 10 1909 befinden? Microsoft hat diese Funktion ursprünglich mit Vorabversionen von 20H1 getestet. Die Reaktionen waren offenbar so positiv, dass man diese Funktion zwischenzeitlich als kleines Update auch auf vorhandene 1909-Versionen aufgespielt hat. Es ist also streng genommen keine „echte" 20H1-Neuheit. Aber da ich sie in früheren Büchern noch nicht beschreiben konnte, hole ich das hier nach.

Suchen per Bildschirmfoto

Etwas unscheinbar rechts neben den Schaltflächen versteckt sich ein Symbol für Bildschirmaufnahmen. Damit können Sie eine Bildersuche durchführen, indem Sie eine beliebige Abbildung auf Ihrem PC „abfotografieren". Die Bing-Bildersuche identifiziert das Objekt bzw. präsentiert Ihnen ähnliche Bilder aus dem Web.

1. Klicken Sie auf das Suchfeld in der Taskleiste und dann auf das Symbol für Bildschirmfotos.

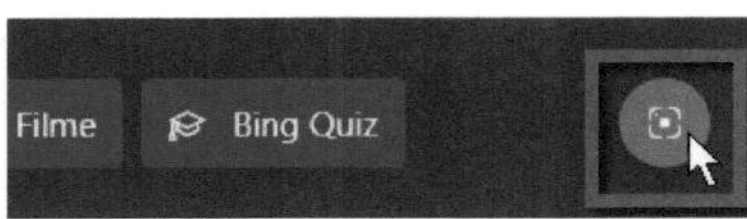

2. Wenn Sie diese Funktion das erste Mal verwenden, bittet Windows um Ihr Einverständnis, weil das erstellte Bildschirmfoto

an Bing übermittelt wird. Bestätigen Sie ggf. mit *OK*.

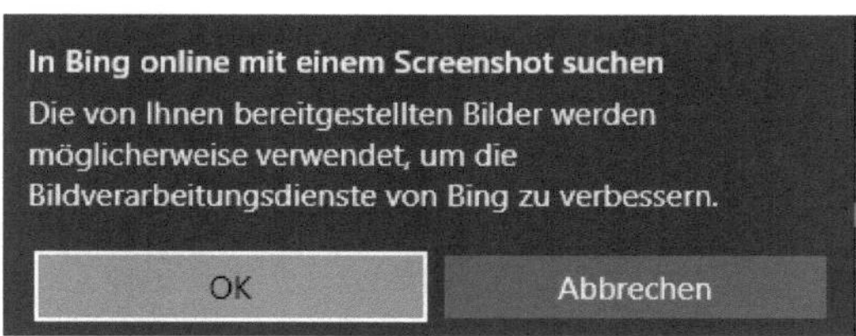

3. Daraufhin wird die Funktion *Ausschneiden und skizzieren* aktiviert. Sie dunkelt den Bildschirm ab und zeigt oben eine kleine Steuerleiste an.

4. Mit der Maus können Sie nun einen Bereich des Desktops auswählen, von dem ein Bildschirmfoto gemacht werden soll. Klicken Sie beispielsweise an der linken oberen Ecke des Ausschnitts und ziehen Sie die Maus mit gedrückter Taste zur rechten unteren. Der aufgehellte Bereich ist die Fläche, die „abfotografiert" wird.

5. Wenn Sie die Maustaste los lassen, wird der ausgewählte Bereich des Bildschirms als Bild an die Bing-Suchmaschine übermittelt. Diese sucht nach ähnlichen Abbildungen in ihrer Datenbank.

Diese Funktion lässt sich gut nutzen, um von einem Motiv andere ähnliche Darstellungen zu finden. Außerdem kann sie dabei helfen, unbekannte Objekte, Gesichter, Bilder oder Orte zu identifizieren. Wie gut das klappt, hängt aber immer vom Motiv und von der Qualität der Suchvorlage ab.

Schnellsuche deaktivieren

Falls Sie die Schnellsuche überflüssig finden und den davon belegten Platz für andere Inhalte freimachen möchten, können Sie diese Funktion mit einem Eingriff in die Registry deaktivieren:

1. Öffnen Sie im Registry-Editor den Schlüssel *HKEY_CURRENT_USER\ SOFTWARE\ Policies\ Microsoft\ Windows\Explorer*.

2. Sollte der letzte Unterschlüssel *Explorer* noch nicht vorhanden sein, legen Sie ihn an.

3. Klicken Sie auf der rechten Seite mit der rechten Maustaste und wählen Sie im Kontextmenü *Neu/DWORD-Wert (32-Bit)*.

4. Geben Sie dem neuen Wert den Namen *DisableSearchBoxSuggestions*.

5. Öffnen Sie den neuen Wert dann zum Bearbeiten und legen Sie als *Wert* die Zahl *1* fest.

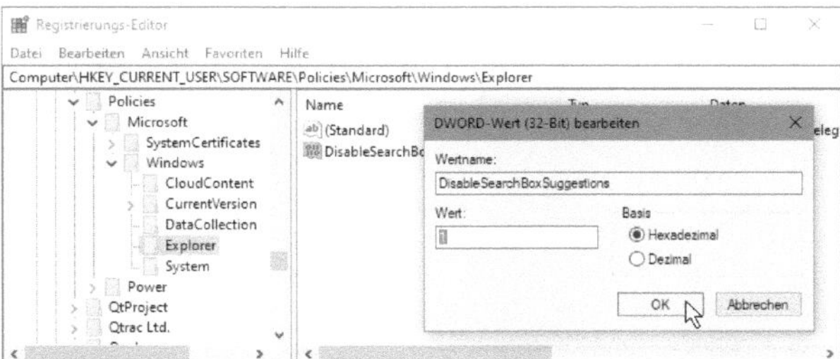

6. Schließen Sie den Registrierungs-Editor und melden Sie sich anschließend einmal ab und wieder an (oder starten Sie Windows neu).

Sollten Sie die Schnellsuche später doch wieder verwenden wollen, ändern Sie den Wert des Eintrages auf 0 oder löschen ihn ganz.

Zusätzliche Infos im Task-Manager

Der Task-Manager dient schon lange nicht nur dem Kontrollieren der laufenden Prozesse. Ebenso kann er zur Optimierung des Systems und zum Überwachen der Hardware eingesetzt werden. Insbesondere letzteres wurde weiter ausgebaut. So unterscheidet der Task-Manager nun bei den eingebauten Festplatten zwischen HDD und SSD. Intern konnte Windows das schon länger und hat diese Speichertypen auch unterschiedlich behandelt, indem bei SSDs etwa auf Defragmentieren verzichtet wurde. Nun aber ist der Unterschied auch direkt im Task-

Manager sichtbar, was dabei helfen kann, die Festplatten zu unterscheiden.

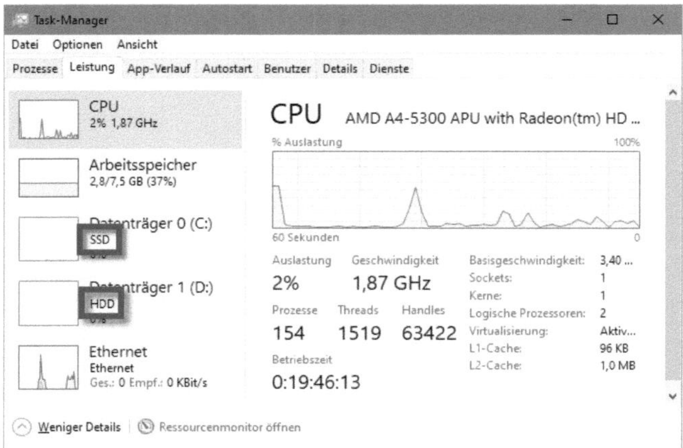

Wenn in Ihrem PC eine Grafikkarte verbaut ist, die eigene Temperatursensoren hat und deren Daten für das Betriebssystem bereitstellt, werden auch diese im Task-Manager angezeigt. So kann man auf spezielle Programme zur Anzeige und Überwachung solcher Temperaturen ggf. verzichten.

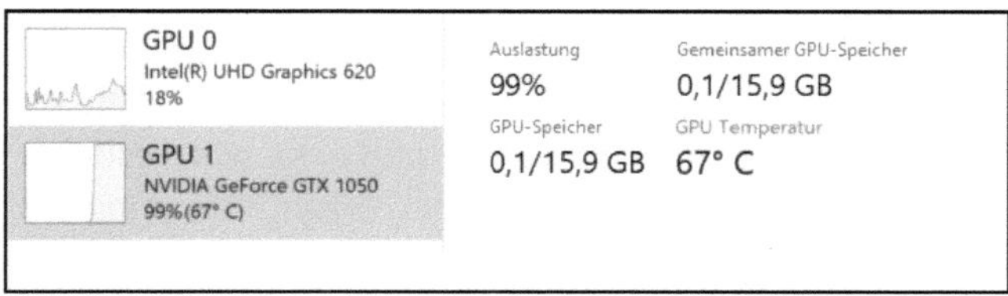

Schnelle Infos zur Netzwerkverbindung

In den Einstellungen wurde die Seite für den Netzwerkstatus ausführlicher gestaltet. Hier findet man nun zusätzlich die Nutzungsdaten der letzten 30 Tage direkt auf der ersten Seite, anstatt dafür erst weitere Unterseiten abrufen zu müssen. Diese Information wird für alle Arten von Netzwerkverbindungen angezeigt. Wenn Ihr PC über Ethernet und WLAN verfügt, finden Sie also ggf. beide Angaben gleichzeitig vor. Wenn Sie es genauer wissen möchten, können Sie direkt die Statistiken zur *Datennutzung* öffnen.

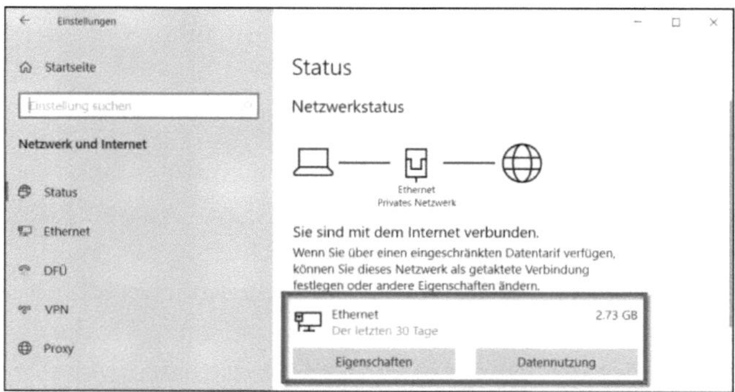

Die Texteinfügemarke individuell anpassen

Den Mauszeiger kann man bei Windows schon ewig in Größe, Aussehen und Farbe anpassen. Ab sofort kann man endlich auch die Texteinfügemarke optisch auffälliger gestalten.

1. Öffnen Sie hierzu in den Windows-Einstellungen den Bereich *Erleichterte Bedienung/Textcursor*.

2. Auf der rechten Seite können Sie unten im Abschnitt *Textcursor-Darstellung ändern* die Breite der Texteinfügemarke erhöhen. Das erhöht die Sichtbarkeit dieses Elements und hat den Vorteil, dass es tatsächlich in den meisten Anwendungen funktioniert.

3. Wer es noch auffälliger mag, kann weiter oben den *Textcursor-Indikator aktivieren*.

4. Dann wird die Texteinfügemarke mit zusätzlichen Markierungen oben und unten hervorgehoben. Deren Farbe und Größe kann man mit den Einstellungen darunter festlegen.

<u>Die Grenzen der neuen Funktion</u>

Das optische Hervorheben der Texteinfügemarke ist auf die Kooperation der jeweiligen Anwendung angewiesen und klappt deshalb nicht überall. Meiner Erfahrung nach wird eine veränderte Textcursorbreite von allen Apps und den meisten Desktop-Anwendungen unterstützt. Der Textcursor-Indikator hingegen funktioniert bei Apps und den meisten mit Windows mitgelieferten Anwendungen wie beispielsweise dem Windows Explorer usw. In klassischen Desktop-Programmen hingegen wird der Indikator nicht angezeigt.

Paint, Wordpad & Co. sind jetzt optional

Optionale Feature sind Windows-Funktionen, die nicht zum Kern des Betriebssystems gehören. Sie werden mit Windows ausgeliefert, sind aber standardmäßig nicht installiert. Wenn man sie benötigt, kann man sie aber jederzeit mit wenigen Mausklicks nachinstallieren. Umgekehrt gibt es auch optionale Funktionen, die standardmäßig installiert sind, die man aber ggf. deaktivieren kann. Ein Beispiel ist der Windows Media Player. Früher gehörte er zwar fest zu Windows, aber mittlerweile ist es eine optionale Komponente, die man nach Bedarf installieren oder deinstallieren kann.

Neu ist zunächst, dass ab sofort weitere ehemalige Kernkomponenten von Windows optional sind. Das betrifft beispielsweise auch Klassiker wie Paint, Wordpad, Editor oder die Schrittaufzeichnung. Solche Hilfsprogramme können nun deinstalliert werden, wenn man sie ohnehin nicht verwendet. Und das dürfte bei den meisten Benutzern zumindest für einige dieser Programme gelten. Sie belegen zwar alle nicht viel Speicher, aber sie brauchen Platz im Startmenü sowie an anderen Stellen wie *Öffnen mit-* Menüs usw.

Wenn Sie von diesen Programmen etwas deinstallieren möchten, geht das in den Einstellungen. Und auch hier hat sich etwas verändert:

1. Öffnen Sie in den Windows-Einstellungen den Bereich *Apps/Apps & Features*.

2. Klicken Sie rechts im Abschnitt *Apps & Features* auf den Link *Optionale Features*.

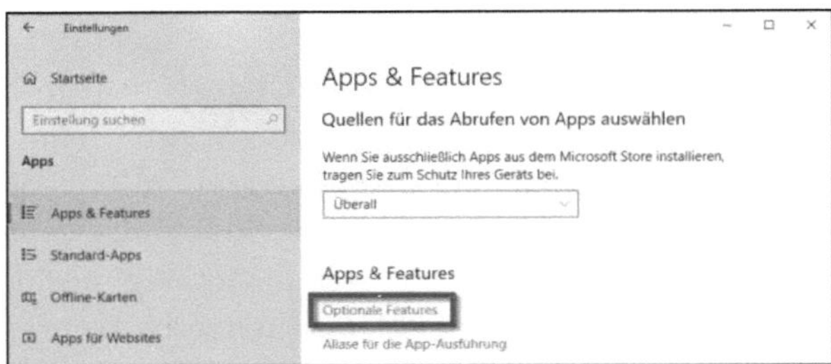

3. Damit öffnen Sie eine Liste der verfügbaren optionalen Komponenten.

4. Neu ist, dass Sie oberhalb dieser Liste nun eine Sortiermöglichkeit finden, mit der sich die Liste nach Name, belegtem Speicher oder Installationsdatum sortieren lässt.

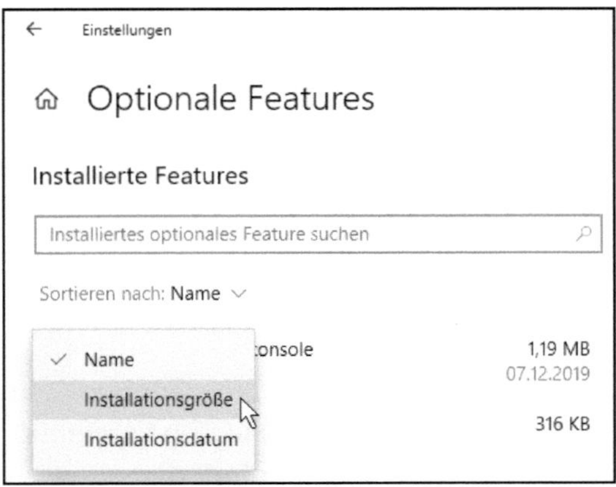

5. Darunter können Sie wie gehabt einen der Einträge anklicken, um ihn auszuwählen.

6. Dann wird eine *Deinstallieren*-Schaltfläche angezeigt.

Auf die beschriebene Weise können Sie ein einmal deinstalliertes Feature jederzeit auch wieder installieren.

Neues beim Windows-Update

Fast schon traditionell bastelt Microsoft an den Windows Update-Funktion weiter herum. Das geht für die Benutzer nicht immer gut aus. Aber diesmal sind die Veränderungen eher im Detail und durchaus hilfreich. Dabei geht es um die Vorgaben, wieviel der verfügbaren Internetbandbreite zum Herunterladen von Updates belegt werden darf.

Bislang waren hier nur prozentuale Angaben möglich, die sich auf die gemessene Bandbreite bezogen. Nun kann der Benutzer alternativ eine feste Größe wie beispielsweise 1MBit/s vorgeben, die unabhängig von der tatsächlich verfügbaren Bandbreite eingehalten wird.

1. Öffnen Sie in den Windows-Einstellungen den Bereich *Update und Sicherheit/Windows Update*.

2. Klicken Sie rechts auf *Erweiterte Optionen*.

3. Klicken Sie auf der anschließenden Seite ganz unten auf *Übermittlungsoptimierung*

4. Klicken Sie dann wiederum unten auf *Erweiterte Optionen*.

5. Im so geöffneten Menü können Sie nun grundsätzlich wählen, ob Sie als Begrenzung eine *Absolute Bandbreite* oder einen *Prozentsatz der gemessenen Bandbreite* verwenden möchten.

6. Dementsprechend geben Sie mit den Einstellungen darunter einen festen Wert in MBit/s oder eine Prozentzahl an.

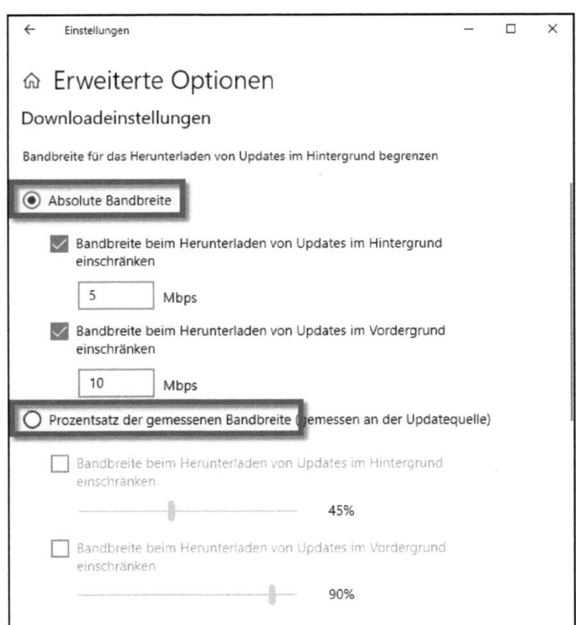

Cortana: Tippen statt sprechen

Cortana ist eigentlich eine Sprachassistentin, die so wie Alexa oder Siri auf gesprochene Worte lauschen und mit dem Anwender interagieren soll. Allerdings hat Microsoft wohl gemerkt, dass nicht jeder PC mit einem Mikrofon ausgestattet ist und Cortana deshalb oft ein kümmerliches Dasein fristet. Deshalb wurde die Assistentin erweitert, so dass sie nun auch Befehle versteht, die in natürlicher Sprache in ihr Eingabefeld eingetippt werden.

1. Wichtig: Cortana wurde schon vor einiger Zeit aus dem Suchfeld der Taskleiste in ihren eigenen Dialog verbannt. Klicken Sie dazu in der Taskleiste auf das Kreissymbol rechts neben dem Suchfeld oder drücken Sie **[Win]** + **[C]**.

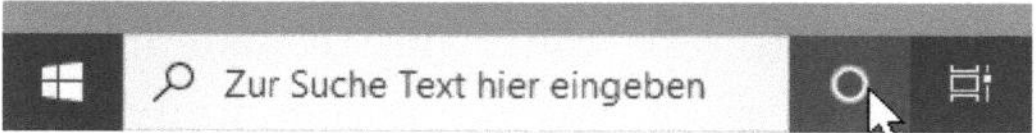

2. Beim ersten Verwenden müssen Sie Cortana zunächst mit einem Microsoft-Konto verknüpfen und die Nutzungsbedingungen akzeptieren.

3. Dann sehen Sie im Dialog einige Beispiele und können auch schon loslegen. Tippen Sie beispielsweise eine ganz natürliche Frage nach einer Information ins Eingabefeld ein.

4. Cortana versucht dann, relevante Informationen aus dem Internet zu beschaffen.

Auf diese Weise kann man die Fähigkeiten von Cortana erkunden. So kann die Assistentin auch rechnen, Währungen und Maßeinheiten konvertieren, Wörter in andere Sprachen übersetzen und Witze erzählen. Auch wenn man sie nach bestimmten Persönlichkeiten oder ihren Assistentenkollegen fragt („Kennst Du Siri?"), kommen manchmal interessante Antworten.

Mit den Pfeiltasten zu früheren Eingaben

Falls Sie sich mal vertippt haben, müssen Sie nicht die ganze Phrase wieder neu eintippen. Mit **[Pfeil hoch]** holen Sie die letzte Eingabe ins Feld zurück und können Sie bearbeiten und erneut absenden. Drücken Sie die Taste mehrfach, gelangen Sie auch zu älteren Eingaben.

Der Cortana-Dialog selbst ist benutzerfreundlicher geworden. Es handelt sich nun um ein „normales" Fenster, das man verschieben, minimieren und beinahe beliebig vergrößern bzw. verkleinern kann. Außerdem hat Microsoft nach eigenen Angaben die Spracherkennung mit neuen Sprachmodellen verbessert und beschleunigt. Über das Drei-Punkte-Symbol links oben öffnen Sie ein Menü, in dem Sie unter anderem die *Einstellungen* finden.

Was nicht mehr geht

Cortana musste auch Federn lassen. Wer über Cortana SmartHome-Funktionen steuert, um beispielsweise Lichter zu schalten oder Streaming-Dienste zu steuern, wird womöglich eine Enttäuschung erleben. Solche „Smart Home Skills" hat Microsoft aus Cortana entfernt. Sollten Sie davon betroffen sein, empfehle ich, einen Blick auf die Apps des jeweiligen Herstellers bzw. Streaming-Anbieters zu werfen. Wer weiterhin Wert auf Sprachsteuerung im SmartHome legt, kann sich die Alexa-App für Windows installieren, die vielfältige Skills unterstützt.

Sichere WLAN-Netze auf den ersten Blick

Beim Anmelden an fremden WLANs unterscheidet man zwei Varianten: Das Netz kann passwortgeschützt sein. Dann benötigt man die Zugangsdaten zum Verbinden, aber dafür erfolgt die Datenübertragung verschlüsselt und man kann bedenkenlos auch vertrauliche Daten wie PINs, oder Kreditkartendaten verwenden. Verbindet man sich hingegen ohne Passwort mit einem offenen WLAN – beispielsweise in einem Lokal oder an einem öffentlichen Ort, sind die Verbindungen unverschlüsselt und alle anderen Teilnehmer am selben WLAN können die übertragenen Informationen mit wenig Aufwand belauschen.

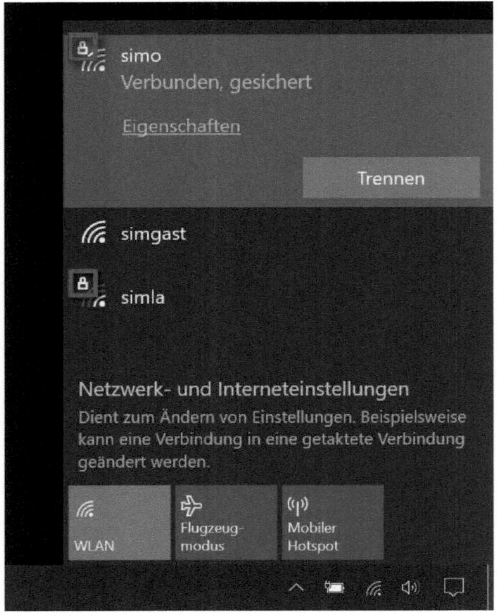

Diesen Unterschied hat Windows auch früher schon beachtet, allerdings auf eine eher lästige Weise: Wann immer man sich mit einem unsicheren WLAN verbunden hat, erhielt man einen Warnhinweis, über diese Verbindung keine vertraulichen Daten auszutauschen. Hier haben die Entwickler nun nachgebessert und ab sofort zeigt Windows direkt in der WLAN-Übersicht mittels eines Schloss-Symbols an, welche der Netze in Reichweite durch Verschlüsselung gesichert sind.

Grafische Funktionen im Taschenrechner

Auch die mit Windows gelieferte Taschenrechner-App wird beständig erweitert. Sie bringt nun einen Diagramm-Modus mit, in dem mathematische Funktionen grafisch dargestellt werden können. Die Anzeige lässt sich dabei beliebig skalieren und verschieben sowie die Linienstärke anpassen. Praktisch ist auch ein Schieber, mit dem Variablenwerte interaktiv verändert werden können, wobei die grafischen Auswirkungen in Echtzeit zu sehen sind. Alles in allem eine schöne Ergänzung des Taschenrechners für Schüler, Studenten und Gelegenheitsmathematiker.

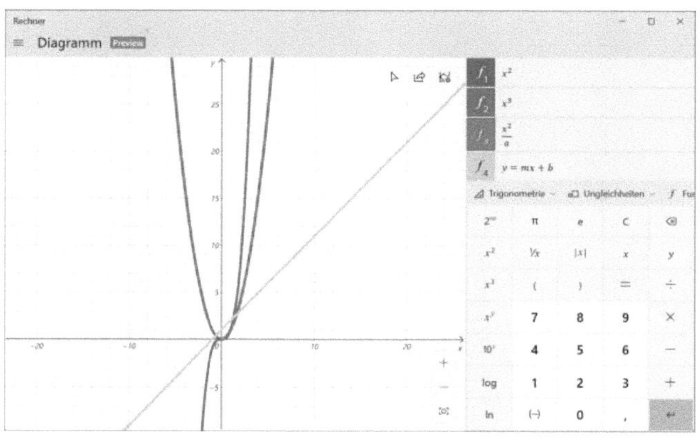

Bildschirmlupe folgt der Textmarke

Auch für die Windows-Bildschirmlupe gibt es eine praktische Ergänzung. Bislang konnte die Lupe bereits dem Mauszeiger folgen. Dies ist nun auch mit der Texteinfügemarke möglich. Beim Tippen richtet sich der von der Bildschirmlupe vergrößerte Ausschnitt dann automatisch immer wieder an der aktuellen Schreibposition aus. So kann man auch längere Texte mit Vergrößerung tippen, ohne den Ausschnitt immer wieder manuell nachjustieren zu müssen.

Die Steuerung hierfür finden Sie in den Windows-Einstellungen unter *Erleichterte Bedienung/ Bildschirmlupe* im Abschnitt *Bildschirmlupenansicht ändern*. Hier wurde die Option *Textcursor beibehalten* eingefügt. Wählen Sie dort *Im Zentrum des Bildschirms*. Dann wählt die Lupe den dargestellten Ausschnitt immer so, dass die Texteinfügemarke in der Mitte Ihres Bildschirms angezeigt wird.

Spracheinstellungen besser verwalten

Die meisten Benutzer werden Windows einfach nur in ihrer Muttersprache nutzen. Dann sind die Spracheinstellungen relativ unwichtig, nachdem sie bei der Installation einmal richtig vorgenommen wurden. Wenn Sie aber eine oder mehrere Fremdsprachen beherrschen und auch mit Ihrem PC nutzen möchten, dann ist die folgende Neuerung für Sie sicher interessant:

1. Wenn Sie die Windows-Einstellungen im Bereich *Zeit und Sprache/Sprache* öffnen, finden Sie nun oben Symbole für die verschiedenen Bereiche der Spracheinstellungen.

2. Darunter ist jeweils angegeben, welche Sprache für diesen Bereich derzeit gewählt ist.

3. Mit einem Klick auf ein Symbol gelangen Sie direkt zum entsprechenden Einstellungsdialog, wo Sie die Sprachvorgabe für diesen Bereich verändern können.

Eigene Namen für virtuelle Desktops

Schon lange bietet Windows die Möglichkeit, geöffnete Anwendungsfenster auf mehrere verschiedene virtuelle Desktops zu verteilen, zwischen denen man schnell per Maus oder Tastenkürzel hin und her wechseln kann. Daran ändert sich auch nichts, aber wer diese Funktion gerne nutzt, wird sich vielleicht über eine kleine, aber feine Ergänzung freuen: Bislang hat Windows die virtuellen Bildschirmseiten automatisch als Desktop1, Desktop 2 usw. benannt. Ab jetzt können Sie jedem virtuellen Desktop eine eigene Bezeichnung geben und sich so die Orientierung erleichtern:

1. Standardmäßig verwendet Windows weiterhin *Desktop 1* für die erste Seite, *Desktop 2* für die zweite usw. Wer damit zufrieden ist, für den ändert sich also nichts.

2. Wenn Sie eigene Bezeichnungen festlegen möchten, klicken Sie auf die Taskansicht-Schaltfläche in der Taskleiste (oder **[Win]** + **[Tab]**).

3. In der so angezeigten Übersicht der virtuellen Desktops am oberen Bildschirmrand klicken Sie auf die Bezeichnung, die Sie verändern möchten.

4. Diese verändert sich daraufhin zu einem Eingabefeld, in das Sie die gewünschte Bezeichnung eintippen können.

Diese individuelle Bezeichnung bleibt solange erhalten, bis Sie diesen virtuellen Desktop schließen.

Ein aktuelles Windows wiederherstellen

Die Zurücksetzen-Funktion hat schon manchem Benutzer bei Problemen wieder zu einem funktionierenden Windows verholfen. Ein Ärgernis dabei war allerdings, dass Windows aus lokal gespeicherten Dateien wiederhergestellt wurde, die meist nicht dem aktuellen Update-Stand entsprachen. So mussten nach dem Zurücksetzen erstmal jede Menge Updates erneut eingespielt werden, was Zeit und Nerven kostete. Mit der neuen Cloud-Download-Option ist das Geschichte. Anstelle der alten lokalen Dateien lädt Windows damit beim Zurücksetzen die aktuellsten Versionen seiner Dateien aus dem Netz. So haben Sie anschließend ein frisches, topaktuelles Windows, mit dem Sie direkt wieder durchstarten können.

1. Öffnen Sie hierzu wie gehabt in den Windows-Einstellungen den Bereich *Update und Sicherheit/Wiederherstellung*.

2. Klicken Sie dort rechts im Abschnitt *Diesen PC zurücksetzen* auf *Los geht's*.

3. Nun haben Sie auch weiterhin die Wahl, ob Sie *Eigene Dateien behalten* oder *Alles entfernen* und ganz neu starten möchten.

4. In beiden Fällen wird anschließend eine weitere Entscheidung präsentiert. Mit *Cloud-Download* laden Sie die aktuelle Windows-Version aus dem Netz herunter. Mit *Lokale Neuinstallation* werden stattdessen die älteren lokalen Daten verwendet.

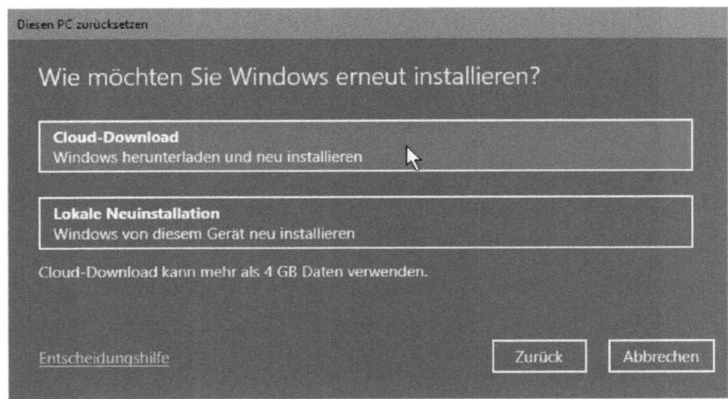

5. Anschließend läuft das Zurücksetzen von Windows wie gewohnt weiter.

Wann besser ohne Cloud-Download?

Beim Cloud-Download werden bis zu vier Gigabyte Daten heruntergeladen. Bei einer langsamen Internetverbindung sollten Sie deshalb eher darauf verzichten, um möglichst schnell wieder einen funktionsfähigen PC zur Verfügung zu haben. Auch falls der Internetzugang nach Verbrauch abgerechnet wird, wählt man besser die Lokale Neuinstallation. Und wenn die Probleme womöglich durch ein Update in jüngster Zeit verursacht wurden, sollte man auch auf den Cloud-Download verzichten, um das Problem nicht nach dem Zurücksetzen gleich wieder vorzufinden.

Mausgeschwindigkeit in den Einstellungen

Weiterhin schaffen es Einstellungen aus der klassischen Systemsteuerung in die Windows-Einstellungen. Diesmal betrifft es die Mausgeschwindigkeit, mit der sich steuern lässt, wie schnell der Mauszeiger über den Bildschirm wandert. Bislang ließ sich das nur in der Systemsteuerung festlegen. Ab sofort findet sich diese Option auch in den Windows-Einstellungen unter *Geräte/Maus* und mit einem Klick auf *Andere Mausoptionen ändern*.

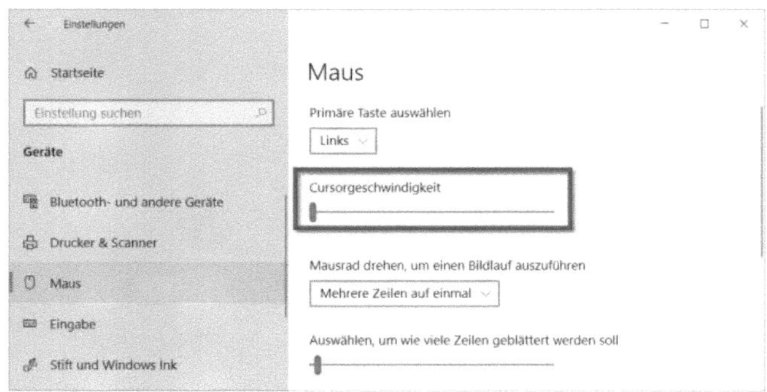

Mehr Kaomoji-Symbole

Vor einiger Zeit hatte Microsoft zusätzlich zu den klassischen Emojis auch eine Eingabemöglichkeit für Kaomojis eingeführt. Das ist eine aus Japan stammende Variante, Gefühle und Gemütszustände durch kleine Grafiken auszudrücken, die aus einfachen Buchstaben und Zeichen zusammengesetzt sind. Die Anzahl dieser Kaomojis wurde nun erheblich erweitert. Gab es bislang zu jeder Kategorie nur eine Seite mit wenigen Symbolen, können Sie ab sofort auf jeder dieser Seiten nach unten scrollen und so Zugriff auf erheblich mehr Kaomojis erlangen.

1. Platzieren Sie die Texteinfügemarke in einem Eingabefeld (zu Testzwecken reicht auch das Suchfeld der Taskleiste).

2. Drücken Sie dann **[Win]** + **[.]**.

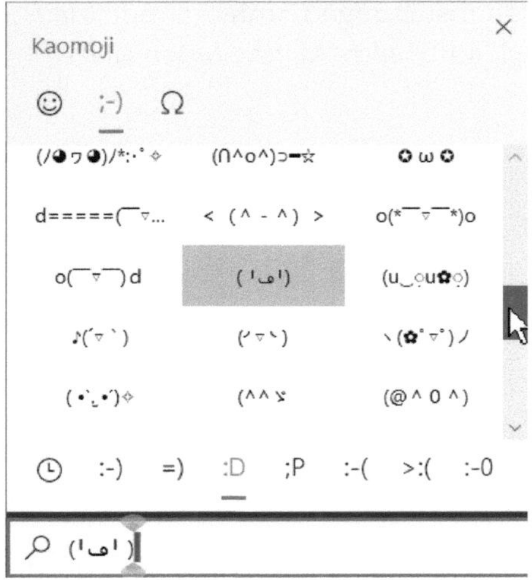

3. Klicken Sie im so eingeblendeten Dialog oben auf das mittlere Symbol, um die Übersicht der Kaomojis anzuzeigen.

4. Mit den Symbolen am unteren Rand des Dialogs können Sie zwischen verschiedenen Kategorien von Bilder wechseln.

5. Beachten Sie, dass Sie in diesem Dialog ab sofort auch nach unten scrollen können und die Liste sich dadurch erheblich erweitern lässt.

FPS-Anzeige in der Game Bar

Eine wichtige Information für Computerspieler ist die Angabe Frames per second (FPS), die angibt, wieviele Bilder pro Sekunde berechnet werden. Je höher dieser Wert ist, desto flüssiger wird das Spiel dargestellt und desto schneller und desto besser kann der Spieler reagieren. Die Xbox Games Bar, die beim Spielen jederzeit mit **[Win]** + **[G]** eingeblendet werden kann, kann nun diese FPS-Angabe erfassen und anzeigen. So können Spieler jederzeit auf einen Blick erkennen, wie hoch die Framerate aktuell ist und in den letzten Minuten war. Das ist besonders hilfreich, wenn man die Grafikeinstellungen eines Spiels verändert und sehen will, wie sich dies auf die Leistung auswirkt.

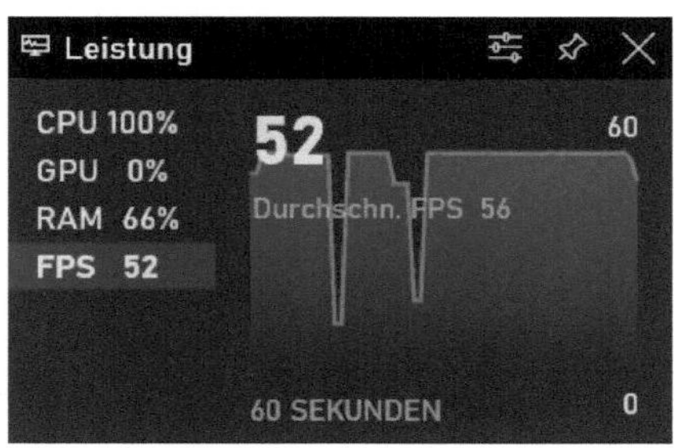

Keine FPS-Angabe in der Game Bar?

Die Anzeige der FPS klappt nicht immer auf Anhieb. Wenn die Anzeige leer bleibt, klicken Sie auf den Eintrag. Wird dann eine Meldung angezeigt, dass diese Funktion erst freigegeben werden muss, klicken Sie auf die Schaltfläche dort und starten Sie den Rechner dann neu. Wenn auch das nicht hilft, müssen Sie selbst eingreifen:

1. Öffnen Sie dazu die *Computerverwaltung* und darin die Rubrik *System/Lokale Benutzer und Gruppen/Gruppen*.

2. Wählen Sie rechts die Gruppe *Leistungsprotokollbenutzer* mit einem Doppelklick aus.

3. Klicken Sie im anschließenden Dialog unten auf *Hinzufügen*.

4. Geben Sie dann den Namen Ihres Windows-Benutzerkontos an.

5. Klicken Sie zweimal auf *OK* und schließen Sie die Computerverwaltung.

6. Starten Sie den PC neu.

Anschließend sollte die FPS-Angabe in der Game Bar wie gewünscht funktionieren.

Neue Funktionen für Smartphones

Schon seit einiger Zeit lässt sich Windows mit einem iPhone oder Android-Smartphone verbinden, so dass bestimmte Funktionen des Mobilgeräts direkt am PC genutzt werden können. Diese Möglichkeiten wurden weiter ausgebaut und erweitert. So können nun auch Anrufe direkt am PC ausgeführt oder entgegengenommen werden. Voraussetzung dafür ist, dass der PC über einen Bluetooth-Adapter verfügt, da darüber die Sprachverbindung aufgebaut wird. Außerdem müssen am PC Lautsprecher und Mikrofon bzw. ein Headset angeschlossen sein. Die anderen Funktionen der Smartphone-Verknüpfung lassen sich aber auch ohne diese Voraussetzungen nutzen.

Um ein Smartphone mit Ihrem PC zu verknüpfen, öffnen Sie in den Windows-Einstellungen den Bereich *Telefon*. Klicken Sie hier auf *Mobiltelefon hinzufügen* und folgen Sie dann den Anweisungen des Assistenten. Die Vorgehensweise unterscheidet sich zwischen iPhone- und Android-Modellen. Im Wesentlichen geht es aber darum, auf dem Mobilgerät eine Begleiter-App zu installieren, welche die Verbindung zum PC über das lokale Netzwerk herstellt.

Hat alles geklappt, wird die App *Ihr Smartphone* geöffnet. Hier können Sie mit Hilfe der Navigationsleiste links auf verschiedenen Funktionen Ihres Smartphones zugreifen:

- *Benachrichtigungen* zeigt Benachrichtigungen an, die auf Ihrem Smartphone vorliegen. Zusätzlich können Sie diese auch im Infobereich des PCs anzeigen lassen (das lässt sich in den *Einstellungen* der App kontrollieren).

- *Nachrichten* bezieht sich auf SMS-Nachrichten. Hier können Sie eingegangene SMS lesen und eigene bequem mit der Tastatur des PCs verfassen.

- *Fotos* erlaubt Ihnen Zugriff auf die Fotogalerie des Mobilgerätes. Sie können die Bilder nicht nur betrachten, sondern auch in Apps Ihrer Wahl öffnen oder lokal auf dem PC speichern.

- *Telefonbildschirm* zeigt die Oberfläche Ihres Smartphones auf dem PC-Bildschirm an und lässt Sie diese auch nutzen. Besonders gut geht dies an einem PC mit Touchscreen. Aber auch Maus und Tastatur leisten mit etwas Eingewöhnung gute Dienste. Besonders praktisch ist das, wenn man mal einen längeren Text am Smartphone eintippen möchte. Dann ist eine echte Tastatur viel schneller und fehlerfreier als das virtuelle Getippe.

- *Anrufe* ist eine neue Funktion, mit der Sie Anrufe auf dem Smartphone vom PC aus durchführen können. Rechts sehen Sie die Historie der letzten Anrufe. Über die Kontakte oder die Tastatur können Sie neue Anrufe starten. Das Smartphone muss dazu per Bluetooth mit dem PC verbunden sein. Dessen Lautsprecher und Mikrofon werden dabei ähnlich wie eine Freisprecheinrichtung verwendet.

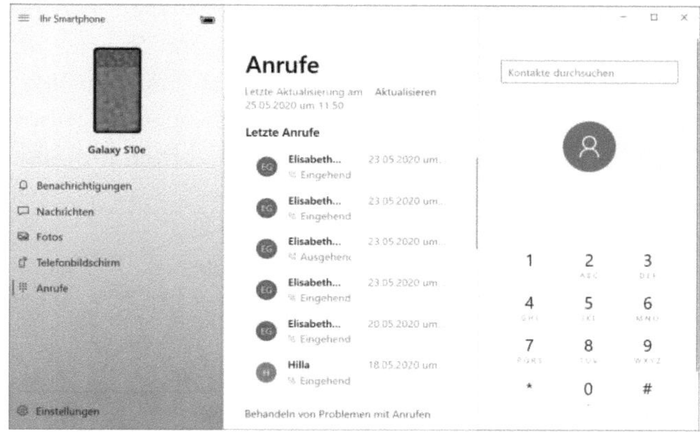

Voraussetzungen und Freigaben

Die beschriebenen Funktionen werden nicht immer alle auf Anhieb klappen. Einige werden nicht von allen Geräten unterstützt. Bei anderen müssen erst notwendige Freigaben auf dem Smartphone erteilt werden, etwa für den Zugriff auf Kontakte, SMS oder die Anrufhistorie. Die App unterstützt Sie dabei, indem die entsprechenden Einstellungen am Mobilgerät direkt aufgerufen werden. Man muss also ggf. anfangs ein wenig Zeit investieren, um alles einzurichten. Dann kann die Verknüpfung aber ein praktischer Helfer sein, auf den man bei Bedarf zurückgreift.

Die Verknüpfung zwischen PC und Smartphone wird automatisch unterbrochen, wenn das Mobilgerät das lokale Netzwerk verlässt. Ansonsten finden Sie auf dem Smartphone für die Dauer der Verbindung eine Benachrichtigung vor. Diese erlaubt es auch, die Verknüpfung jederzeit zu trennen. Diese Trennung ist dabei nur vorübergehender Natur. Wenn Sie die *Ihr Smartphone*-App unter Windows das nächste Mal starten, wird die Verbindung wiederhergestellt, ohne dass Sie alle Einstellungen erneut vornehmen müssen.

2. Neues unter der Haube

Wie immer tut sich bei Windows 10 auch einiges „unter der Haube". Also Änderungen, die nicht direkt auf der Oberfläche sichtbar sind. Das können Funktionen sein, die nur in bestimmten Situationen aktiv werden. Oder auch neue Fähigkeiten des Betriebssystems, die ganz ohne Einstellungen oder Steuerelemente zur Verfügung stehen. Trotzdem sollte man darüber Bescheid wissen, um die Auswirkungen abschätzen und im Idealfall davon profitieren zu können.

Download-Ordner nicht automatisch löschen

Im *Eigenschaften*-Menü für Laufwerke finden Sie den *Bereinigen*-Befehl, mit dem man bei Bedarf schnell Platz auf der Platte frei räumen kann. Mit dem Windows-Update vom Oktober 2018 hatten die Entwickler auch den Download-Ordner in die Liste der zu bereinigenden Ordner aufgenommen. Das führte allerdings dazu, dass immer wieder Anwender beim Aufräumen versehentlich ihren Download-Ordner leerten.

Diese Beschwerden hat Microsoft nun erhört und die Entscheidung rückgängig gemacht. Ab sofort wird der Download-Ordner beim Bereinigen außen vor gelassen. Er wird also in der Liste der zu löschenden Dateien gar nicht mehr aufgeführt.

Selbstverständlich können Sie den Inhalt des Download-Ordners aber weiterhin löschen, um Speicherplatz freizugeben. Das geht direkt im Windows Explorer.

Automatisch geht es weiterhin mit der Speicheroptimierung. Öffnen Sie dazu in den Windows-Einstellungen den Bereich *System/Speicher* und klicken rechts auf *Konfigurieren Sie die Speicheroptimierung, oder führen Sie den Vorgang jetzt aus.* Hier können Sie festlegen, dass die Speicheroptimierung Dateien aus dem Download-Ordner löschen soll, wenn sie eine bestimmte Anzahl von Tagen nicht geöffnet wurden. Sollen grundsätzlich keine Download-Dateien gelöscht werden, wählen Sie hier *Nie*.

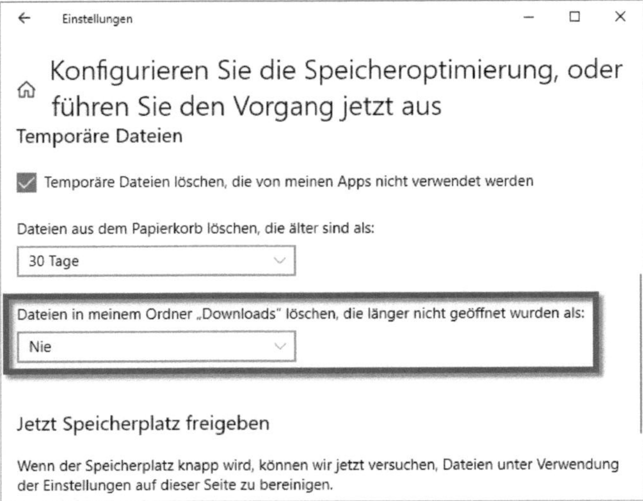

Anwendungen bei Neustart wieder herstellen

Wenn Windows beispielsweise zum Installieren von Updates neu gestartet werden muss, versucht es, für den Benutzer die Oberfläche wie vor dem Neustart wiederherzustellen. Dazu werden beim Herunterfahren laufende Apps gespeichert und beendet und nach dem Neustart wieder reaktiviert. Das war auch bislang schon so, allerdings wurden diese Fähigkeiten weiter verbessert. Laut Microsoft soll es nun bei den meisten Windows-Apps und auch bei vielen klassischen Desktop-Anwendungen klappen. Ausnahmen gibt es allerdings nach wie vor, da Windows hierfür auf die Kooperation der einzelnen Anwendungen angewiesen ist.

Außerdem gibt es eine eigene Option, mit der Sie diese Funktion steuern können. Öffnen Sie in den Windows-Einstellungen *Konten/Anmeldeoptionen*. Hier wurde rechts (recht weit) unten ein Abschnitt *Apps neu starten* mit dem dazugehörenden Schalter eingefügt.

Obligatorische Web-Suche im Startmenü?

Schon lange führt Windows automatisch eine Websuche durch, wenn man etwas in das Suchfeld der Task-Leiste eintippt. Selbst wenn man nur lokal nach einer Datei sucht, wird dies also an die Microsoft-Server übermittelt. Bislang ließ sich dieses Verhalten durch Gruppenrichtlinien bzw. Registry-Einträge deaktivieren. Diese werden nun aber nur noch in den Enterprise- und Education-Editionen von Windows 10 berücksichtigt. Bei den gängigen Home und Pro-Editionen lässt sich das Verhalten hingegen so nicht mehr steuern.

Es gibt allerdings einen Weg, diese Lücke mit Bordmitteln zu schließen, indem man die Windows Firewall anweist, der Windows-Suche keinen Online-Zugriff mehr zu erlauben:

1. Öffnen Sie dazu die *Windows Defender Firewall mit erweiterter Sicherheit.*

2. Wählen Sie darin im Navigationsbereich links die Rubrik *Ausgehende Regeln.*

3. Lokalisieren Sie in der langen Liste in der Mitte den Eintrag *Windows Search* und öffnen Sie diesen per Doppelklick.

4. Wählen Sie im so geöffneten *Eigenschaften*-Dialog in der Rubrik *Allgemein* ganz unten die Option *Verbindung blockieren.*

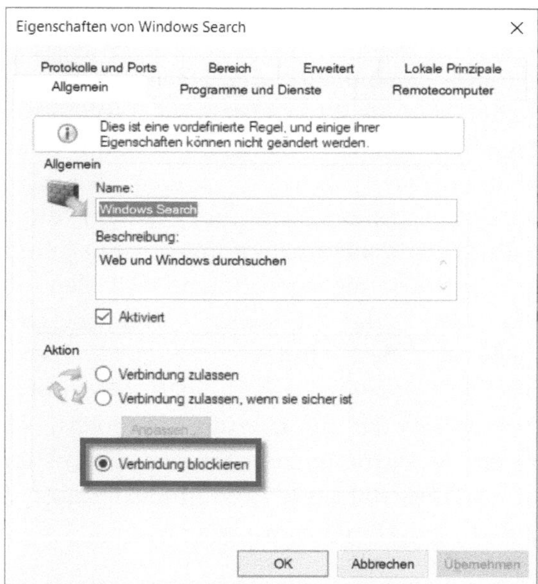

Wenn Sie nun Suchbegriffe in der Taskleiste eingeben, versucht Windows weiterhin, Webergebnisse dazu zu beschaffen. Das scheitert aber und die Suche meldet allenfalls *Eine Vorschau für „…" ist momentan nicht verfügbar*.

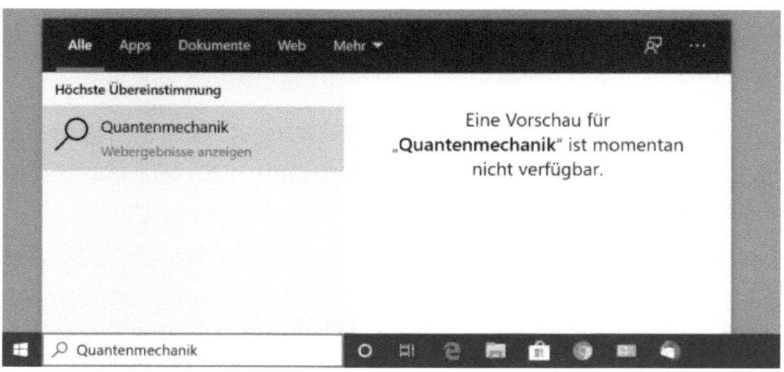

Verbesserungen beim Suchindex

Der Windows-Suchdienst, der eigentlich ordentlich funktioniert und nicht nur Dateinamen sondern auch Dateieigenschaften, Metadaten und sogar Textinhalten von Dateien finden kann, hat anscheinend Akzeptanzprobleme. Das will Microsoft jedenfalls durch Kundenbefragungen herausgefunden haben. Zu den meistgenannten Gründen dafür gehörte, dass das Erstellen und beständige Aktualisieren des Indexes zuviel Kapazität verbrauchen würde. Deshalb hat Microsoft die Funktionsweise der Indizierung optimiert. Dabei kommt ein Algorithmus zum Einsatz, der bestimmte Situationen erkennt und die Indexierung dann automatisch unterbricht, etwa wenn

- ein Spiel auf dem PC gespielt wird,

- Festplatte und Prozessor anderweitig bereits stark ausgelastet sind,

- ein Stromsparmodus aktiv ist bzw. der PC aus einem Stromsparmodus erwacht oder

- Mobilgeräte von Netz- auf Akkubetrieb wechseln bzw. der Akkustand unter 50% sinkt.

Ob die aktiven Energiespareinstellungen zum Steuern des Indizierens verwendet werden sollen, darf der Benutzer dabei selbst beeinflussen. In den Windows-Einstellungen unter *Suche/Windows durchsuchen* findet sich ein zusätzlicher Absatz *Indexerstellungsleistungen* mit der Option *Energiemoduseinstellungen des Geräts berücksichtigen*. Während es bei mobilen Geräten meist sinnvoll ist, diese Option einzuschalten, kann sie bei klassischen PCs mit ständiger Stromversorgung eher ausbleiben.

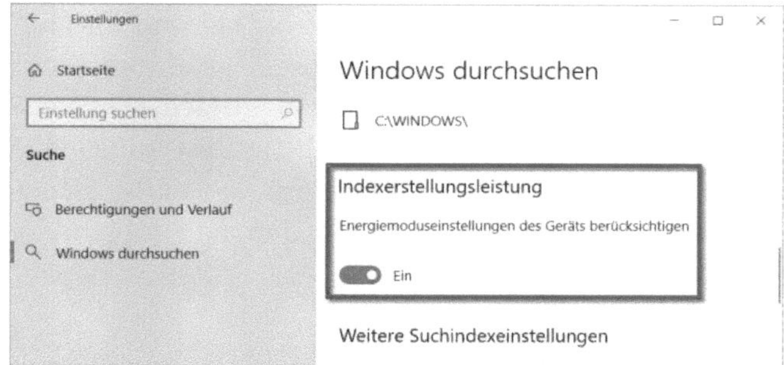

Interessant für Entwickler dürfte außerdem sein, dass der Indizierungsdienst jetzt typische Repository-Ordner wie .git, .hg, .svn oder .Nuget außen vorlässt. Auch das spart Kapazität und diese Entwicklungswerkzeuge verfügen in der Regel über eigene spezialisierte Suchfunktionen.

Bluetooth-Geräte unkompliziert verbinden

Wer Bluetooth-Geräte mit seinem Windows-PC verwenden will, kann das initiale Verbinden der Geräte („Pairing") nun komfortabler durchführen. Mit Swift Pair muss der Vorgang nicht mehr manuell in den Einstellungen eingeleitet werden. Stattdessen erkennt Window von alleine, wenn sich ein „paarungswilliges" Gerät in der Nähe befindet. Es meldet dies mit einer eingeblendeten Benachrichtigung, über die in mehreren Schritten dann auch direkt die Verbindung hergestellt werden kann.

Der Wermutstropfen: Das ganze funktioniert nur bei Geräten, die Swift Pair unterstützen. Das sind bislang im Wesentlichen einige drahtlose Tastaturen und Mäuse von Microsoft selbst sowie Surface Headsets und Earbuds. Und auch beim PC selbst muss die vorhandene Bluetooth-Hardware Swift Pair unterstützen (siehe hierzu auch den nachfolgenden Abschnitt).

Swift Pair deaktivieren

Falls Swift Pair mit seinen Benachrichtigungen nervt oder Sie diese Funktion nicht benötigen, können Sie sie deaktivieren:

1. Öffnen Sie in den Windows-Einstellungen den Bereich *Geräte/Bluetooth- und andere Geräte*.

2. Wenn hier rechts unterhalb der Geräteliste eine Option *Benachrichtigung anzeigen, wenn eine schnelle Kopplung möglich ist* angezeigt wird, unterstützt Ihr PC Swift Pair.

3. Wollen Sie auf die Funktion verzichten, entfernen Sie den Haken an dieser Option.

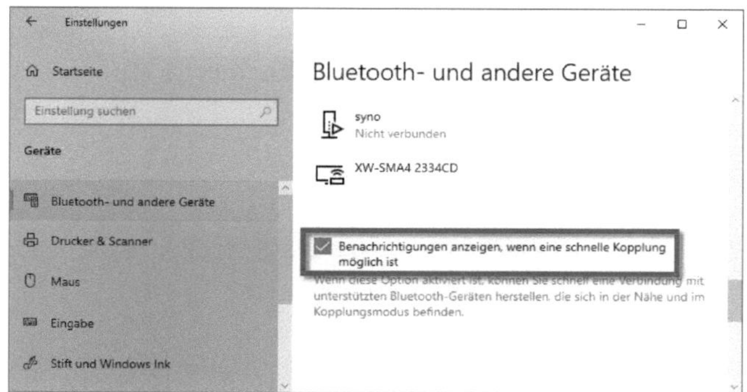

Netzwerkkameras direkt einbinden

Um auf einem Windows-PC Bilder von Überwachungskameras anzuzeigen, benötigt man ein spezielles Programm oder die Kamera muss eine Weboberfläche bereitstellen. Ab 20H1 kann Windows eine direkte Verbindung mit solchen Kameras herstellen, so dass diese ohne Zusatzsoftware direkt als Gerät in Windows genutzt werden können.

Der Wermutstropfen vorweg: Diese Funktion ist recht wählerisch und erkennt nur Kameras, die den Standard ONVIF Profil S unterstützen.

1. Wenn Sie eine solche Kamera haben, öffnen Sie in den Windows-Einstellungen den Bereich *Geräte/Bluetooth- und andere Geräte*.

2. Klicken Sie rechts auf *Bluetooth- oder anderes Gerät hinzufügen*.

3. Damit starten Sie eine Suche im lokalen Netzwerk. Läuft dort eine Netzwerkkamera mit dem richtigen Profil, wird Sie in der Liste angezeigt und Sie können den Eintrag anklicken, um eine Verbindung damit herzustellen.

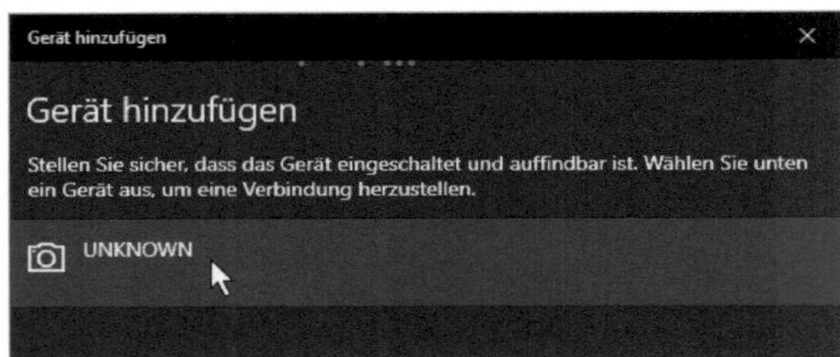

Der Zugriff auf die Kamera erfolgt durch die mit Windows ausgelieferte Kamera-App. Hiermit können Sie das Kamerabild betrachten sowie Einzelbilder oder Videos aufnehmen und speichern. Grundsätzlich sollten sich aber auch alternative Kamera-Apps aus dem Windows Store dafür eignen, die ggf. erweiterte Aufnahmefunktionen mitbringen.

Profilbild des Kontos synchronisieren

Wenn Sie Windows mit einem Microsoft-Konto nutzen, können Sie dafür ein Profilbild erstellen, das im Anmeldedialog, im Startmenü usw. angezeigt wird. Neu ist, dass dieses Profilbild nun mit dem Microsoft-Konto synchronisiert wird. Wenn Sie auf Ihrem PC ein neues Profilbild festlegen, wird dieses also automatisch auf bei den diversen Microsoft-Webdiensten verwendet, die mit diesem Konto verknüpft sind. Das kann eine praktische Erleichterung sein. Andererseits bedeutet es, dass dieses Profilbild nun auch von anderen Benutzern gesehen wird, wenn Sie Inhalte teilen, an Foren teilnehmen usw. Das sollte man bei der Auswahl des Profilbildes in Zukunft bedenken.

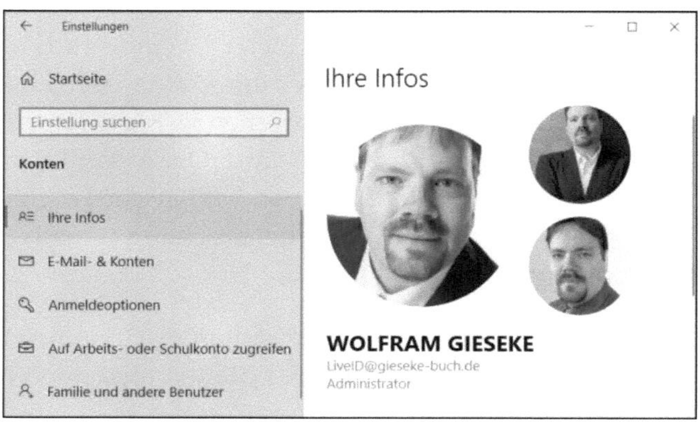

PIN-Anmeldung im abgesicherten Modus

Wer für die Windows-Anmeldung das Passwort durch eine PIN ersetzt hat, der musste sich das Passwort immer noch merken, um sich bei Windows im abgesicherten Modus anmelden zu können. Das ist nun vorbei, denn ab sofort akzeptiert Windows für die Anmeldung im abgesicherten Modus auch die PIN, wenn für das Konto eine solche Anmeldung eingerichtet wurde. Dies gilt aber nur für die PIN. Andere Windows Hello-Varianten wie Fingerabdruck oder Gesichtserkennung können an der Stelle nicht verwendet werden, weil der abgesicherte Modus die für die Geräte erforderlichen Hardware-Treiber nicht lädt.

Mehr Möglichkeiten für Augensteuerung

Schon seit einiger Zeit bietet Windows 10 Möglichkeiten zur Blicksteuerung. Voraussetzung dafür ist allerdings eine entsprechende Kamera, die Augenbewegungen erfassen kann. Diese Funktion richtet sich insbesondere an Menschen mit Bewegungseinschränkungen, die so eine alternative Interaktionsmöglichkeit haben.

Hierzu kann man eine Leiste auf dem Bildschirm einblenden, die verschiedene Steuerungssymbole anzeigt. Die Kamera erkennt, wenn die Augen eines dieser Symbol fixieren und führt die entsprechende Funktion aus. Mit Windows 20H1 werden die Möglichkeiten der Augensteuerung erweitert, so dass nun komplexere Funktionen wie Drag & Drop nur per Blick hinzukommen.

Ein neues Linux-Subsystem

Und zum Schluss noch ein typisches Beispiel für eine „Unter der Haube"-Verbesserung, die manche für den größten Entwicklungsschritt in 20H1 halten, obwohl es für die meisten Anwender wohl eher in die Kategorie „gut zu wissen" fällt: Das mit dem Herbst-Update 2017 eingeführte Linux-Subsystem erfährt mit 20H1 eine gründliche Renovierung.

WSL2 (**W**indows **S**ubsystem für **L**inux) hat nun einen echten Linux-Kern, der es leistungsfähiger macht und eine vollständigere Linux-Umgebung unter Windows bietet. Dadurch wurde nicht nur das Dateisystem des Subsystems erheblich beschleunigt sondern auch die Kompatibilität so verbessert, dass nun auch Technologien wie Docker in WSL 2 genutzt werden können. Microsoft liefert dazu einen eigenen Linux-Kernel mit, der auch per Windows-Update jederzeit aktualisiert werden kann.

Falls Sie nun neugierig geworden sind und das einfach mal ausprobieren wollen (wobei grundlegende Linux-Erfahrungen von Vorteil sind):

1. Aktivieren Sie zunächst in der klassischen Systemsteuerung unter *Programme und Features/*

Windows-Feature aktivieren oder deaktivieren das *Windows-Subsystem für Linux.*

2. Installieren Sie dann aus dem Microsoft Store kostenlos eine Linux-App wie beispielsweise *Ubuntu.* Diese installiert die entsprechende Linux-Distribution im Linux-Subsystem Ihres PCs.

3. Anschließend können Sie das Subsystem jederzeit mit dem Befehl *bash* bzw. dem Namen der installierten Linux-Distribution im Suchfeld der Taskleiste starten.

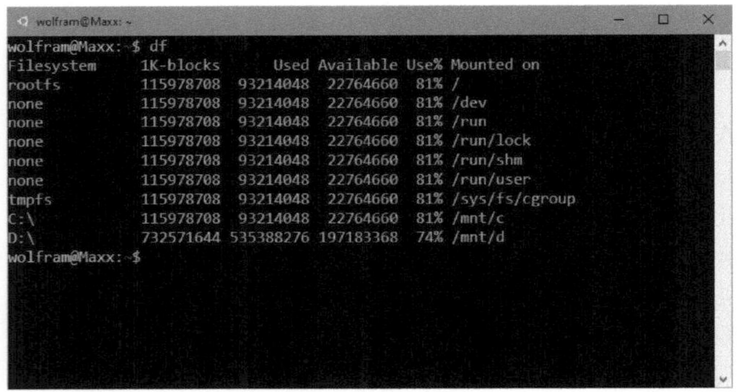

3. Der neue Edge-Browser auf Chrome-Basis

Gemeinsam mit Windows 10 hatte Microsoft 2015 auch den Edge-Browser veröffentlicht und als Nachfolger des Internet Explorer etabliert. Allerdings hatte er von Anfang an mit Akzeptanz- 

problemen zu kämpfen und sein Anteil am Browsermarkt bewegte sich zumindest auf PCs meist im einstelligen Bereich. Wenn man bedenkt, dass Edge bei Windows vorinstalliert ist und Microsoft alles versuchte, um ihn den Nutzern schmackhaft zu machen, ist das nicht viel.

Setzt man das in Beziehung zu dem hohen Aufwand, den Entwicklung und fortlaufende Pflege eines eigenen Webbrowsers erfordern, ist das wirtschaftlich auf Dauer nicht sinnvoll. Diese Erkenntnis setzte sich auf bei Microsoft durch und man beschloss einen Kurswechsel: Um Kosten zu sparen, nutzt man in Zukunft die Chromium-Basis des Google Chrome-Webbrowsers. Darauf setzt man eine eigenen Oberfläche, ergänzt einige Funktionen und fertig ist der neue Edge-Browser mit dem Chromium-Herz.

Die Oberfläche des neuen Edge-Browsers

Auf den ersten Blick hat sich das Aussehen des neuen Browsers auf Chrome-Basis gar nicht so sehr verändert. Microsoft hat sich große Mühe gegeben, Aussehen und Anordnung der Symbole unverändert erscheinen zu lassen. Trotzdem gibt es einige Änderungen. Hier eine schnelle Übersicht der wichtigen Bedienelemente:

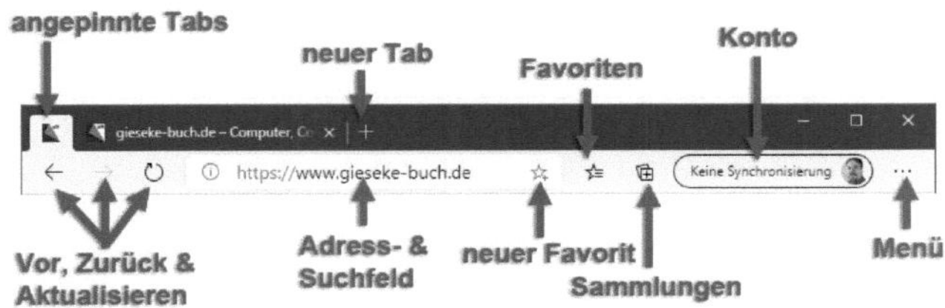

- Ganz links finden Sie die Grundfunktionen für **Vor, Zurück & Aktualisieren**. Sollten Sie das Startseiten-Symbol vermissen, können Sie es in den Einstellungen reaktivieren.

- Dauerhaft **angepinnte Tabs** werden ganz links in der Tableiste angezeigt.

▶ Einen neuen, zusätzlichen Tab legen Sie wie gewohnt mit dem **+**-Symbol an.

▶ Im **Adress- & Suchfeld** tippen Sie Webadressen oder Suchbegriffe ein.

▶ Am rechten Rand des Adress- & Suchfelds werden abhängig vom Inhalt der Webseite dynamisch Symbole angezeigt. Praktisch immer finden Sie hier das Sternsymbol für **neuer Favorit**, mit dem Sie sich die aktuelle Webseite merken können. Enthält eine Seite viel Text, wird hier aber beispielsweise auch ein Symbol für die Leseansicht angezeigt, die den Text besser lesbar anzeigt oder Ihnen auf Wunsch auch vorliest (siehe Seite 97).

▶ Zugang zu gespeicherten **Favoriten** erhalten Sie mit dem Stern/Listen-Symbol rechts daneben.

▶ **Sammlungen** sind eine Weiterentwicklung der Favoriten und erlauben es, Webseiten zu bestimmten Themen an einer Stelle zusammenzufassen. Mehr zu dieser neuen Funktion lesen Sie auf Seite 90.

▶ Sie können Edge mit Ihrem einem **Konto** verknüpfen, um Browserdaten zwischen verschiedenen Geräten zu synchronisieren und beispielsweise die Surfsitzung vom Notebook später am PC fortzusetzen.

▶ Das Drei-Punkte-Symbol ganz rechts öffnet wie gewohnt das **Menü** mit weiteren Funktionen und allen Einstellungen.

Die Symbolleiste nach Wunsch gestalten

Die Symbolleiste von Edge lässt sich zumindest ein wenig den eigenen Vorlieben anpassen. So können Sie immerhin einstellen, welche Symbole Sie dort sehen möchten und welche nicht. Platzierung und Reihenfolge sind allerdings vorgegeben.

1. Öffnen Sie dazu in Edge das Menü mit dem Drei-Punkte-Symbol rechts oben.

2. Wählen Sie im Menü weiter unten den Eintrag *Einstellungen*.

3. Wechseln Sie in den Einstellungen links in die Rubrik *Darstellung*.

4. Dann werden rechts im Abschnitt *Browser anpassen* alle möglichen Elemente der Symbolleiste angezeigt. Die „eingeschalteten" sind derzeit sichtbarer Teil der Leiste.

5. Schalten Sie die Elemente, die Sie nicht benötigen, mit einem Mausklick auf das Schaltersymbol rechts aus. Ebenso können Sie erwünschte Elemente aktivieren.

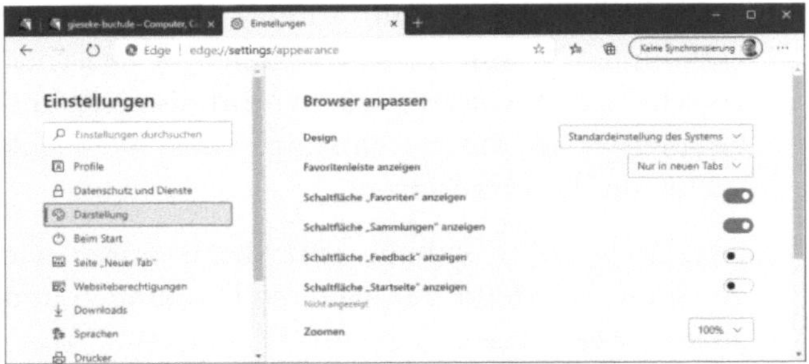

> **<u>Symbole schnell ausblenden</u>**
> Möchte Sie einfach nur Symbole schnell ausblenden, klicken Sie mit der rechten Maustaste darauf und wählen Sie dann *Auf Symbolleiste ausblenden*.

Was soll beim Start von Edge passieren?

In den Einstellungen von Edge können Sie in der Rubrik *Beim Start* grundlegend vorgeben, wie sich Edge jeweils beim Start verhalten soll:

- *Neuen Tab öffnen*: Standardmäßig startet Edge jeweils mit einem leeren Tab, der ein Suchfeld und einige Empfehlungen zu Webseiten enthält, die Sie interessieren könnten. Wie Sie diese individuell anpassen können, lesen Sie im nachfolgenden Abschnitt.

- *Dort weitermachen, wo Sie aufgehört haben*: Mit dieser Option öffnet Edge automatisch die Webseite wieder, die beim letzten Beenden angezeigt wurde. Hatten Sie zuletzt mehrere Tabs geöffnet, werden diese alle wieder hergestellt.

- *Bestimmte Seite oder Seiten öffnen*: Wollen Sie immer mit einer oder mehreren ganz bestimmten Seiten starten, wählen Sie diese Option. Sie können mit der dann zusätzlich angezeigten Schaltfläche *Neue Seiten hinzufügen* eine oder mehrere Startseiten festlegen, die dann jeweils in eigene Tabs geladen werden. Oder Sie stellen im Browser genau die gewünschte Kombination von Tabs her und klicken dann auf *Alle geöffneten Tabs verwenden.* Dann „merkt" sich Edge die in diesem Moment geöffneten Tabs und stellt sie bei jedem Start genauso wieder her.

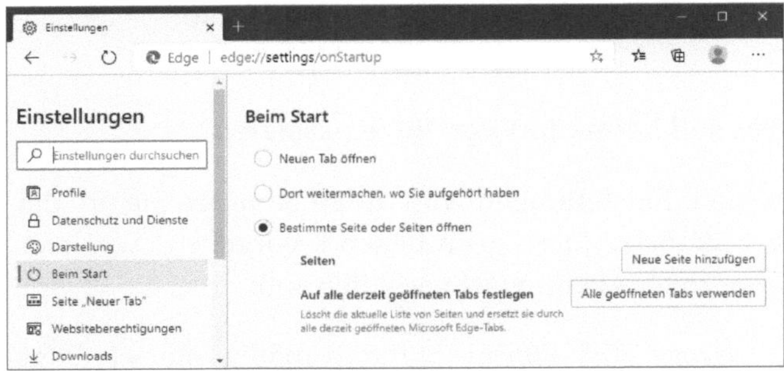

Die Startseite von Edge individuell anpassen

Wenn Sie beim Start von Edge jeweils einen neuen leeren Tab anzeigen lassen, wird darin die Seite „Neuer Tab" dargestellt. Diese enthält ein Suchfeld und Vorschläge für Webseiten, die Sie interessieren könnten. Das Erscheinungsbild und den Inhalt dieser Seite können Sie an Ihre persönlichen Vorlieben anpassen. Öffnen Sie dazu in den Einstellungen von Edge die Rubrik *Seite „Neuer Tab"* und klicken Sie dort auf *Anpassen.* Dann wird die „Neuer Tab"-Seite gemeinsam mit einem Einstellungsdialog angezeigt.

▶ Im Dialog können Sie eines von mehreren Seitenlayouts wählen. Die Änderungen erfolgen direkt beim Anklicken eines Menüeintrags, so dass Sie die Wirkung der verschiedenen Layouts schnell ausprobieren können.

▶ Wenn Sie mit keinem dieser Layouts glücklich sind, wählen Sie *Benutzerdefiniert*. Dann können Sie alle Aspekte der Darstellung selbst steuern, etwa ob Bilder angezeigt werden sollen, ob Sie von Artikeln nur Überschriften oder auch den Inhalt sehen möchten usw.

▶ Mit dem Feld *Sprache & Inhalt* können Sie als Nicht-Deutscher beispielsweise auch die Variante *Schweiz (Deutsch)* oder *Österreich (Deutsch)* wählen. Diese Einstellung beeinflusst nicht nur die Sprache, sondern auch die Quellen für die angezeigten Artikel.

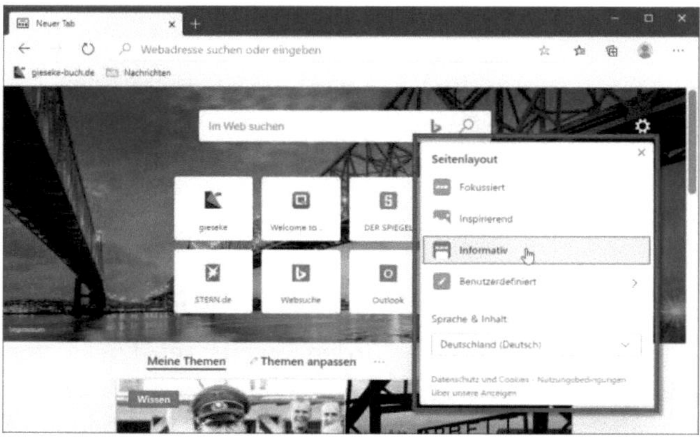

Auch inhaltlich können Sie die Seite an Ihre persönlichen Interessen anpassen. Klicken Sie dazu in der Themenleiste auf Themen anpassen. So öffnen Sie eine lange Liste von Themenbereichen. Einträge mit einem grünen Häkchen sind aktiv, Einträge mit einem +-Symbol nicht. Gehen Sie die Liste einfach durch und entfernen Sie die Häkchen bei Themen, die Sie nicht interessieren. Spannende Themen hingegen können Sie mit dem + hinzufügen. So stellen Sie sicher, dass Ihnen die Seite nur Themen vorschlägt, die für Sie auch relevant sind.

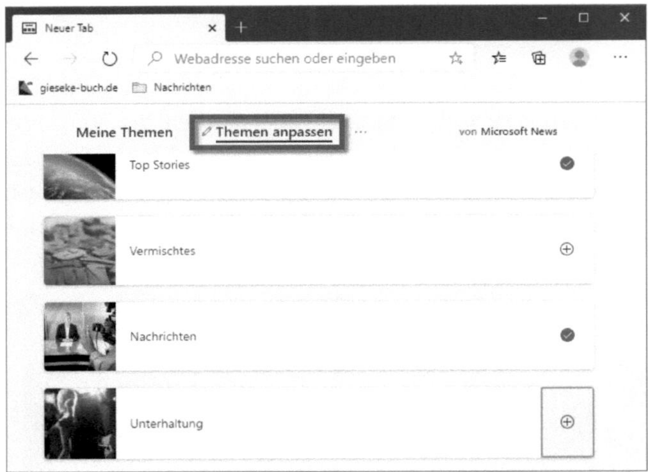

Adress- und Suchfeld optimal nutzen

Adress- und Suchfeld wurden bereits bei den letzten Edge-Versionen zusammengelegt. Dieser Eingabebereich dient nicht nur zum Eingeben und Anzeigen von Webadressen. Im Prinzip können Sie von hier aus ganz schnell auf alle Elemente wie Suche, Lesezeichen, Verlauf etc. zugreifen. Mit der richtigen Eingabe finden Sie so jede Webseite ruck, zuck wieder.

1. Platzieren Sie die Einfügemarke mit

einem einfachen linken Mausklick in das Feld.

2. Beginnen Sie nun, die Adresse bzw. den Namen einer Webseite oder einen Suchbegriff einzutippen.

3. Sofort zeigt der Browser eine Liste der infrage kommenden Webseiten an. Er bedient sich dazu der Daten aus dem Verlauf, den Lesezeichen, früheren Eingaben und Vorschlägen von Suchmaschinen.

4. Mit jedem weiteren Buchstaben schränken Sie die Liste jeweils weiter ein.

5. Wenn die gewünschte Seite in der Liste angezeigt wird, können Sie direkt darauf klicken, um sie zu öffnen. Alternativ können Sie die Pfeiltasten und **[Eingabe]** benutzen, wenn Sie bei der Tastatur bleiben möchten.

Wie Sie die verschiedenen Arten von Suchmöglichkeiten gezielt nutzen, beschreiben die nachfolgenden kurzen Abschnitte.

Tipp: Schnelle Orientierung in den Vorschlägen

Bei den Vorschlägen, die der Edge-Browser Ihnen zum eingetippten Text im Adressfeld macht, zeigt er jeweils die Buchstaben fettgedruckt, die er zu den von Ihnen eingetippten Zeichen ergänzt hat. So können

Sie auf den ersten Blick erkennen, wo in einer vorgeschlagenen Webseite der Begriff vorkommt und ob diese Seite wirklich der gewünschten entspricht.

Webadressen eingeben

Wie gewohnt können Sie im Eingabefeld Web-adressen eintippen. Der 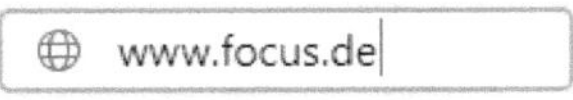 Edge-Browser versteht diese aufgrund ihrer Form automatisch richtig. Protokollbezeichner wie http:// können Sie dabei in der Regel weglassen. Nur wenn die Erkennung bei speziellen Geräten beispielsweise im lokalen Netzwerk versagen sollte, fangen Sie am besten mit http:// an. Sie brauchen sich dabei auch nicht von der Vorschlagliste des Edge-Browsers ablenken zu lassen. Tippen Sie einfach die komplette Adresse ein und drücken Sie **[Eingabe]**.

Sie können sich die Hilfestellung des Browsers aber auch beim Eintippen von  Adressen zunutze machen. Wenn der Edge-Browser die Adresse bereits von einem früheren Besuch kennt, wird er sie Ihnen in seiner Liste vorschlagen. Sie brauchen also nur so viel einzutippen, bis Sie die gewünschte Adresse in der Vorschlagliste sehen. Dann wählen Sie sie dort direkt per Maus oder Tastatur aus.

Webseiten aus Favoriten und Verlauf abrufen

Wenn Sie genau wissen, dass eine Webseite als Favorit gespeichert ist oder

sich von einem kürzlichen Besuch noch in den Verlaufsdaten befindet, können Sie diese noch gezielter abrufen. Sie brauchen keine Adresse zu kennen, sondern lediglich einen eindeutigen Teil der Adresse oder des Titels, also z. B. den Namen des Webangebots. Tippen Sie diesen ein, schlägt der Edge-Browser alle Webseiten vor, die diesen Begriff als Teil ihrer Adresse oder ihres Titels verwenden.

Hinweis: Keine Volltextsuche

Im Verlauf des Edge-Browsers sind nur Webadresse und Titel der besuchten Webseiten gespeichert, nicht aber deren Inhalt. Eine Volltextsuche über den Inhalt ist also nicht möglich. Wählen Sie also einen Teil der Adresse oder des Seitentitels aus, um eine Webseite auf diese Weise schnell wiederzufinden.

Suchanfragen durchführen

Um das Eingabefeld für eine klassische Suche zu benutzen, verwenden Sie es so, wie Sie bei früheren Internet-Explorer-Versionen das Suchfeld genutzt hätten. Tippen Sie also einfach den Suchbegriff ein. Der Browser macht Ihnen dabei bereits Vorschläge, wie sich der Begriff sinnvoll vervollständigen ließe. Die können Sie nutzen oder ignorieren. Im

Zweifelsfall tippen Sie einfach weiter und schicken den Suchbegriff mit **[Eingabe]** an die voreingestellte Suchmaschine.

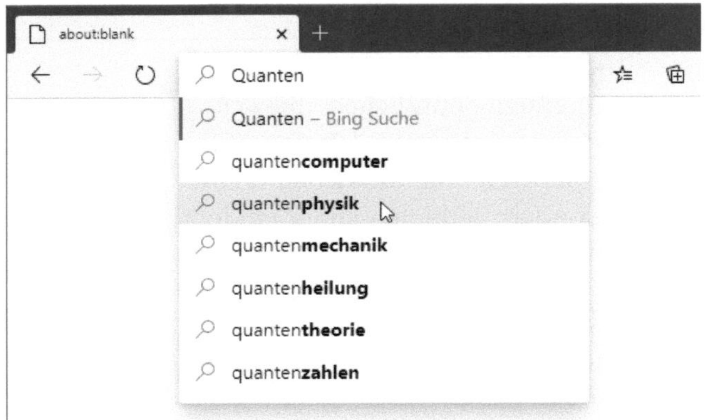

Die Standard-Suchmaschine ändern

Wenig überraschend verwendet Edge von Hause aus Microsofts eigene Suchmaschine Bing für Websuchen. Dies lässt sich aber schnell zu Google oder einem anderen Suchdienst ändern, wenn man die gut versteckten Einstellungen dafür findet.

1. Klicken Sie rechts oben auf das Menü-Symbol und wählen Sie im Menü den Punkt *Einstellungen*.

2. Wechseln Sie in den Einstellungen links in die Rubrik *Datenschutz und Dienste*.

3. Gehen Sie dann in der Liste auf der rechten Seite ganz nach unten und klicken Sie auf den untersten Eintrag *Adressleiste*.

4. Hier können Sie bei *In Adressleiste verwendete Suchmaschine* direkt zu einer der anderen vorinstallierten Suchmaschinen wie Google oder Yahoo wechseln.

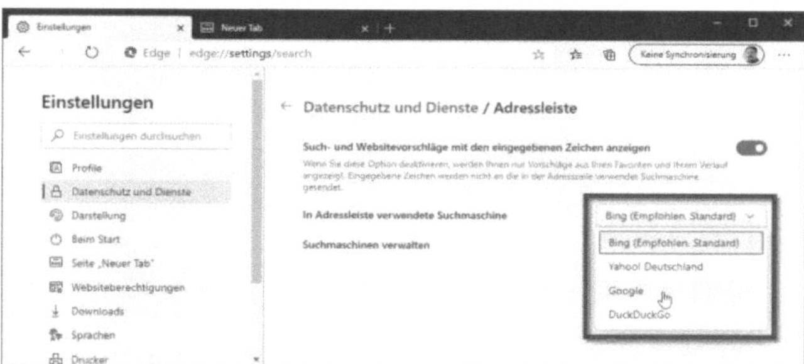

Sollte der von Ihnen bevorzugte Suchdienst nicht dabei sein, lesen Sie nachfolgend, wie Sie beliebige weitere Suchmaschinen in Edge integrieren.

Zwischendurch andere Suchdienste verwenden

Neben dem dauerhaften Umschalten von einem Suchdienst zum anderen können Sie auch jederzeit für einzelne Suchen einen anderen Suchdienst nutzen. Dazu ist jeder der registrierten Suchhilfen mit einem Stichwort versehen, das Sie wie folgt erfahren bzw. bearbeiten können:

1. Öffnen Sie wie vorangehend beschrieben die Einstellungen für die Adressleiste und klicken Sie dort auf *Suchmaschinen verwalten*. So erhalten Sie eine Liste der derzeit in Edge integrierten Suchmaschinen.

2. In der mittleren Spalte finden Sie jeweils das *Stichwort* zu einem Suchdienst. Dieses müssten Sie sich merken oder notieren.

3. Mit dem 3-Punkte-Symbol ganz rechts bei jedem Eintrag öffnen Sie ein kleines Menü, wo Sie die Daten unter anderem *Bearbeiten* können. Das ermöglicht es Ihnen, diese Stichwörter anzupassen und so kompakt wie möglich zu wählen.

Um nun einen dieser Suchdienste zwischendurch nutzen zu können, tippen Sie zunächst das festgelegte Stichwort, gefolgt von einem Leerzeichen in das Adress- und Suchfeld ein. Edge erkennt dann, dass Sie eine Suche bei diesem Dienst durchführen wollen und ergänzt das Suchfeld entsprechend. Nun brauchen Sie nur noch den Suchbegriff einzugeben und die Suche abzusenden.

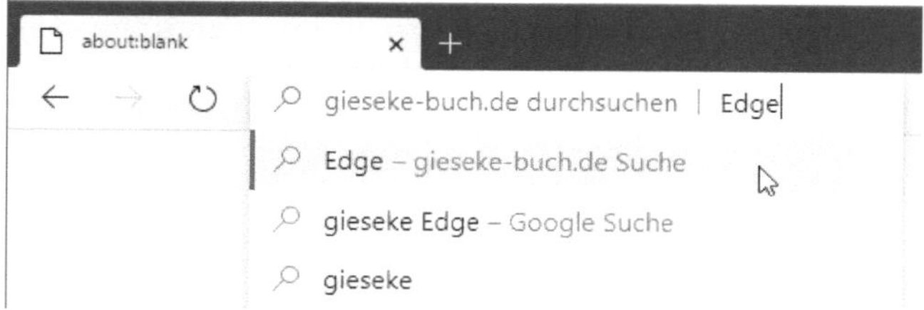

Weitere Suchfunktionen in Edge integrieren

Standardmäßig bietet der Edge-Browser nur die wichtigsten Suchdienste zur Auswahl an. Wer andere Suchmaschinen oder Spezialanbieter bevorzugt, kann diese aber in der Regel in Edge integrieren.

In den meisten Fällen reicht es dabei, die Suchseite des gewünschten Suchdienstes einmal im Edge-Browser zu öffnen. Edge erkennt automatisch, dass es sich hierbei um eine Suchmaschine handelt und fügt diese seiner Liste hinzu. Ab sofort, können Sie diese Suchmaschine dann wie vorangehend beschrieben jederzeit als Standardsuchdienst auswählen.

Damit das klappt, muss der Betreiber allerdings die Daten für den Zugriff auf seinen Dienst in einem bestimmten maschinell lesbaren Format gemäß der OpenSearch-Spezifikation hinterlegt haben. Ist das nicht der Fall, können Sie aber immer noch selbst Hand anlegen:

1. Öffnen Sie wie vorangehend beschrieben die Liste der derzeit in Edge integrierten Suchmaschinen.

2. Um einen Suchdienst manuell aufzunehmen, klicken Sie oben rechts auf *Hinzufügen*.

3. Im so geöffneten Dialog geben Sie die Daten für den Suchdienst ein:

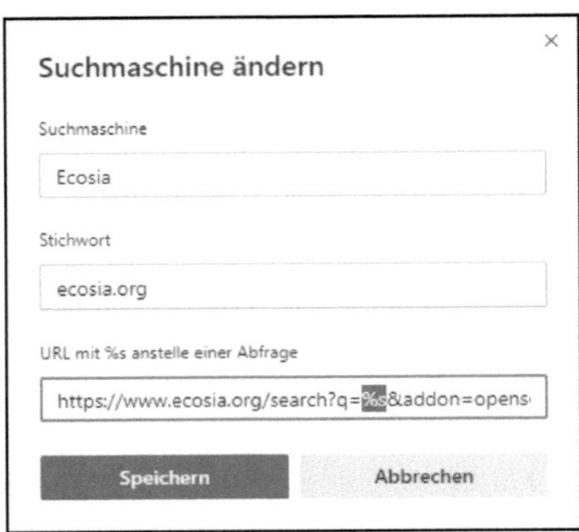

▶ *Suchmaschine*: Der Name der Suchmaschine, wobei Sie die Bezeichnung auch frei wählen können.

▶ *Stichwort*: Ein beliebiges kurzes Stichwort zum Wählen des Suchdienstes direkt in der Webadresse, wie vorangehend beschrieben.

▶ *URL*: Entscheidend ist der URL, der für das Durchführen einer Suche genutzt werden soll. Führen Sie hierzu im Webbrowser einen Suche nach einem beliebigen Suchbegriff durch. Wenn die Ergebnisseite angezeigt wird, kopieren Sie den URL aus der Adresszeile des Browsers und fügen ihn hier ein. Wichtig: Ersetzen Sie anschließend den verwendeten Suchbegriff im URL durch *%s*.

4. *Speichern* Sie dann den Eintrag.

5. Probieren Sie anschließend aus, ob die Integration geklappt hat und Sie den manuell angelegten Suchdienst uneingeschränkt in Edge nutzen können.

Ab sofort verwendet das Suchfeld den neu hinzugefügten Suchdienst. Zwischen eingerichteten Suchdiensten können Sie jederzeit hin- und herwechseln.

Textstellen innerhalb einer Webseite schnell finden

Mit dem Finden von Webseiten allein ist es oft noch nicht getan: Bei umfangreicheren Texten muss man meist noch die passende Stelle suchen. Beim Edge-Browser können Sie jederzeit ein Suchfeld einblenden, mit dem Sie einen bestimmten Begriff in der aktuellen Webseite finden bzw. alle Fundstellen optisch hervorheben können.

1. Um die Suchfunktion zu aktivieren, drücken Sie **[Strg]** + **[F]** oder wählen im Menü den Punkt *Auf Seite suchen*.

2. Der Edge-Browser blendet dann ein Suchfeld unterhalb der Symbolleiste ein. Hier können Sie den Suchbegriff eingeben, nach dem Sie innerhalb dieser Seite suchen möchten.

3. Am rechten Rand des Feldes können Sie ablesen, wie viele Fundstellen es in der Webseite gibt. Mit den beiden Pfeilsymbolen steuern Sie die verschiedenen Fundstellen der Reihe nach an. Dabei können Sie sich vor und zurück bewegen.

4. Zusätzlich hebt der Edge-Browser schon beim Tippen alle Stellen in der Webseite hervor, an denen die bislang eingetippte Zeichen-kombination vorkommt. So können Sie sich Übersicht verschaffen und die entscheidende Stelle schnell finden.

Mit Tabs mehrere Webseiten parallel nutzen

Das Surfen auf mehreren Webseiten ist bei Webbrowsern inzwischen eine Selbstverständlichkeit, und auch der Edge-Browser bietet diese Möglichkeit. Schließlich ist es einfach praktisch, mal eben etwas suchen oder nachlesen zu können, ohne die aktuell studierte Webseite gleich ganz verlassen zu müssen.

Webseiten in einem eigenen Tab öffnen

Um einen Link in der aktuell angezeigten Webseite in einem separaten Tab zu öffnen, gibt es drei Möglichkeiten:

▶ Halten Sie **[Strg]** gedrückt, während Sie einen Link anklicken.

▶ Klicken Sie den Link mit der mittleren Maustaste an, soweit Ihre Maus über eine mittlere Taste verfügt und diese vom Maustreiber unterstützt wird. Bei einigen Mäusen kann man auch das mittig angebrachte Scrollrad drücken und als mittlere Taste nutzen.

▶ Klicken Sie mit der rechten Maustaste auf einen Link und wählen Sie im Kontextmenü den Befehl *Link in neuem Tab öffnen*.

Alle drei Varianten führen zum gleichen Ergebnis: Die bisherige Webseite bleibt vorhanden und der Browser öffnet den Link stattdessen in einem neuen Tab. Da dies standardmäßig im Hintergrund erfolgt, sehen Sie auf dem Bildschirm davon zunächst nicht viel. In der Symbolleiste wird aber nun neben dem (optisch hervorgehobenen) Reiter der aktuellen Seite rechts daneben ein zusätzlicher Reiter mit dem Titel der zusätzlichen Webseite angezeigt.

Wichtig: Wenn Sie mit Tabs surfen, beziehen sich alle Aktionen, wie z. B. das Aufrufen eines Favoriten oder das Aktualisieren der Webseite immer nur auf den aktuell geöffneten Tab und die darin angezeigte Webseite.

<u>Tabs machen das Suchen im Netz viel leichter</u>
Tabs können sich insbesondere beim Suchen nach Informationen im Web als sehr nützlich erweisen. Beim normalen Ablauf erhalten Sie von der Suchmaschine die Ergebnisseite, klicken dort auf die Links, müssen dann wieder zur Ergebnisseite zurück etc. Mit Tabs belassen Sie die Ergebnisseite immer in ihrem eigenen Tab. Um die gefundenen Links zu betrachten, öffnen Sie diese jeweils in einem neuen Tab. Ist die Seite nicht interessant, schließen Sie sie wieder. Wollen Sie eine Seite (vorläufig) nicht aus den Augen verlieren, kehren Sie direkt wieder in den Tab mit den Suchergebnissen zurück und setzen Ihre Recherche von dort aus fort.

Einen neuen leeren Tab anlegen

Eine andere Möglichkeit zum Öffnen eines Tabs bietet sich an, wenn Sie nicht einen Link in einer vorhandenen Webseite anklicken, sondern unabhängig von dieser Webseite eine weitere Seite öffnen wollen, z. B. einen der Favoriten oder durch direktes Eingeben einer Adresse. Für solche Fälle können Sie einen neuen, leeren Tab anlegen, in den Sie dann auf beliebige Art eine Webseite laden können.

1. Um einen leeren Tab anzulegen, klicken Sie in der Symbolleiste rechts neben den Tab-Reitern auf die +-Schaltfläche. Alternativ kön-nen Sie auch die Tastenkombination **[Strg]** + **[T]** wählen.

2. Der Edge-Browser legt dann einen neuen Tab an und bietet Ihnen darin einige häufig besuchte Webseiten an.

3. Sie können nun diesen Tab ganz regulär benutzen, um beispielsweise eine Webseite aus der Favoritensammlung zu laden oder von Hand eine Webadresse oben im Adressfeld einzugeben.

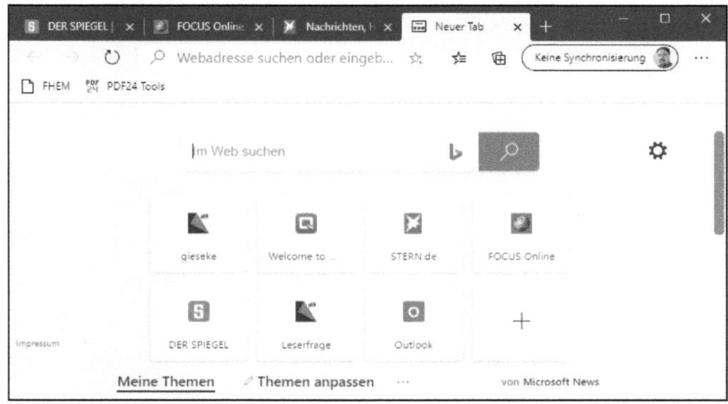

Zwischen den geöffneten Webseiten komfortabel wechseln

Zum Wechseln zwischen den in Tabs gleichzeitig geöffneten Webseiten bieten sich die Tab-Reiter oben an, die für die verschiedenen Tabs nebeneinander angezeigt werden. Solange die Anzahl nicht zu groß und der verfügbare Platz in der Symbolleiste nicht zu klein wird, können Sie dort jeden Tab am Titel der Webseite erkennen und direkt anklicken.

Wenn Sie nicht zur Maus greifen möchten, können Sie mit [Strg] + [Tab] durch die einzelnen Tabs der Reihe nach durchschalten. [Strg] + [Umschalt] + [Tab] macht dasselbe in umgekehrter Richtung.

Solange Sie eine überschaubare Menge an Tabs verwenden, gibt es außerdem eine praktische Möglichkeit, per Tastenkürzel direkt zu einem bestimmten Tab zu springen: Verwenden Sie dafür [Strg] + die Taste der Nummer, die der Position des Tab-Reiters in der Liste entspricht. Also [Strg] + [1] für den ganz linken Tab, [Strg] + [2] für den rechts daneben etc.

Geschwätzige Tabs zum Schweigen bringen

Webseiten sind oft multimedial, was ja auch schön sein kann, wenn man im Webbrowser Musik hören, Videos schauen oder spielen möchte. Immer öfter aber enthalten Webseiten auch Werbung, die beim Öffnen ungefragt abgespielt wird. Edge zeigt in solchen Fällen automatisch ein Lautstärkesymbol oben im Tab der entsprechenden Webseite an.

Mit einem Klick darauf kann man diese Seite schnell zum Schweigen bringen. Webseiten 

in parallelen Tabs werden dabei nicht beeinträchtigt.

Alternativ können Sie mit der rechten Maustaste auf ein Tab klicken und finden dort den Befehl *Tab stumm schalten*. Diese Variante hat den Vorteil, dass sie auch funktioniert, wenn eine Webseite (noch) keine Medien abspielt und das Symbol im Tab deshalb nicht angezeigt wird.

Mehrere Tabs auf einmal als Favoriten speichern

Sie können jede in einem Tab angezeigte Webseite als Lesezeichen speichern. Darüber hinaus kann man aber auch alle derzeit angezeigten Tabs in einem eigenen Favoritenordner ablegen. Das hilft nicht nur beim Strukturieren der Lesezeichen, sondern bietet auch die Möglichkeit, alle diese Tabs in einem Schritt wieder genauso öffnen zu können.

1. Öffnen Sie gleichzeitig alle Webseiten in jeweils eigenen Tabs, die zusammen gespeichert werden sollen.

2. Klicken Sie mit der rechten Maustaste auf einen der Tabs und wählen Sie im Kontextmenü ganz unten den Befehl *Alle Tabs zu Favoriten hinzufügen*.

3. Im daraufhin angezeigten Dialog legen Sie einen Namen für den Ordner fest.

4. Wählen Sie außerdem, wo der Ordner angelegt werden soll. Wenn Sie ihn häufiger nutzen möchten, ordnen Sie ihn am Besten in der *Favoritenleiste* an. Diese wird bei leeren Tabs automatisch eingeblendet.

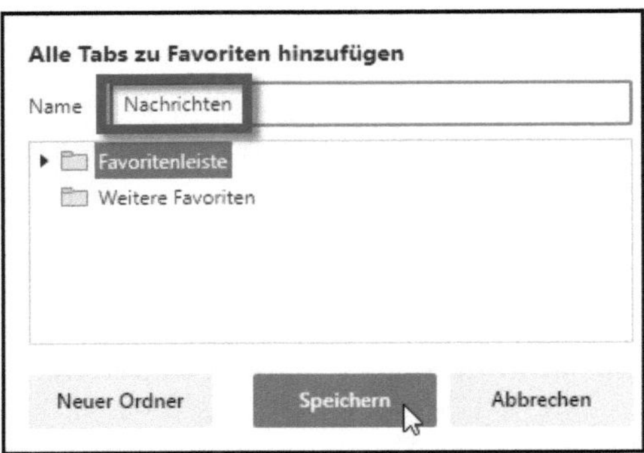

5. Klicken Sie auf Speicher, um den Favoriten unter diesen Namen an der gewählten Stelle dauerhaft zu speichern.

Um die so gespeicherte Favoriten später auf einmal abzurufen, klicken Sie auf das Favoritensymbol in der Symbolleiste. Lokalisieren Sie in der Liste den angelegten Ordner. Haben Sie den Ordner in der Favoritenleiste abgelegt, können Sie auch direkt dort mit rechts auf den Eintrag klicken. Wählen Sie im Kontextmenü den Befehl *Alle öffnen*. Edge öffnet dann alle Favoriten in diesem Ordner jeweils in eigenen Tabs. Alternativ können Sie die Favoriten auch alle auf einmal in neuen Fenstern oder in InPrivate-Fenstern öffnen lassen.

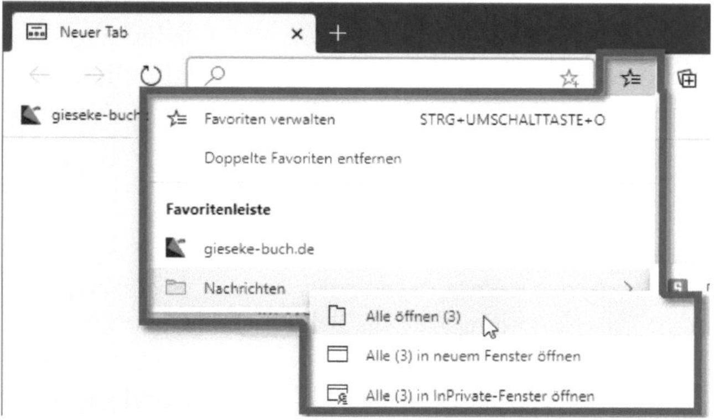

Nicht mehr benötigte Tabs schließen

Auch beim Schließen von Tabs gibt es verschiedene Varianten, zwischen denen Sie je nach Situation und Bedarf wählen können:

- Ganz rechts im Reiter jedes Tabs finden Sie ein kleines x-Symbol. Ein Klick auf dieses Symbol schließt den dazugehörenden Tab.

- Klicken Sie mit der rechten Maustaste auf einen der Tab-Reiter und im Kontextmenü auf den Befehl *Tab schließen*, um den Tab zu schließen.

- Im Kontextmenü findet sich außerdem noch andere Varianten, die ebenfalls sehr praktisch sein können: Mit *Andere Tabs schließen* machen Sie alle Tabs zu, bis auf jenen, auf dessen Reiter Sie gerade mit der rechten Maustaste geklickt hatten, um das Kontextmenü zu öffnen. Mit *Tabs rechts schließen* werden nur die Tabs rechts vom gewählten Tab geschlossen. So werden Sie eine kunterbunte Sammlung von Tabs schnell wieder los und können sich auf eine bestimmte Webseite konzentrieren.

Geschlossene Tabs wieder öffnen

Edge „merkt" sich, welche Tabs Sie schließen. Sollten Sie mal versehentlich oder voreilig eine Webseite geschlossen haben, können Sie diese deshalb schnell wieder zurückholen. Klicken Sie dazu mit der rechten Maustaste auf einen der verbliebenen Tab-Reiter oder auf die leere Titelleiste des Browserfensters und wählen Sie im Kontextmenü *Geschlossenen Tab erneut öffnen*. Edge stellt dann den zuletzt geschlossenen Tab wieder her. Verwenden Sie die Funktion erneut, wird der davor geschlossene Tab wiederhergestellt usw.

> **Tabs beim Start wieder herstellen**
> Eine Variante dieser Funktion erlaubt es Ihnen, nach dem Start von Edge schnell alle Tabs wiederherzustellen, die beim letzten Beenden des Browsers noch geöffnet waren. Wenn Sie direkt nach dem Start von Edge auf die Titelzeile rechtsklicken, finden Sie im Kontextmenü den Befehl *Geschlossenes Fenster erneut öffnen*. Er öffnet ein neues Edge-Fenster und lädt darin alle Tabs, die beim letzten Beenden des Browsers geöffnet waren.

Mit Favoriten, Verlauf & Co. effizient surfen

Wer mit Edge nicht nur gelegentlich surft, sondern den Browser beruflich oder privat zur Recherche einsetzt, der weiß Funktionen zum effizienteren Surfen zu schätzen. Lesezeichen und Verlauf helfen dabei, einmal gefundene Webseiten nicht immer wieder neu suchen zu müssen. Mit Sammlungen bietet Edge sogar eine neue Variante, um Webseiten zu einem bestimmten Thema zusammenzufassen.

Oft besuchte Webseiten als Favoriten merken

Auch wenn das Adress- und Suchfeld Hilfen bietet, Webseiten ohne viel Tippen abzurufen, empfiehlt sich für häufig besuchte Webseiten das Anlegen von Favoriten, die Sie jederzeit mit wenigen Mausklicks wieder abrufen können. Um eine Webseite in den Favoriten zu speichern, gehen Sie wie folgt vor:

1. Öffnen Sie die Webseite, sodass sie im Browserfenster dargestellt wird, und klicken Sie dann rechts neben dem Adressfeld auf den Stern.

2. Der Edge-Browser zeigt dann einen Dialog an, in dem Sie die Eigenschaften des neu zu erstellenden Favoriten festlegen können.

3. Als *Name* schlägt er standardmäßig den Titel der angezeigten Webseite vor. Sie können hier aber

auch einen beliebigen anderen Text angeben. Gerade bei längeren Titeln empfiehlt es sich, diese zu kürzen, da sie sonst den Rahmen der Favoritenleiste bzw. des Favoritenmenüs sprengen.

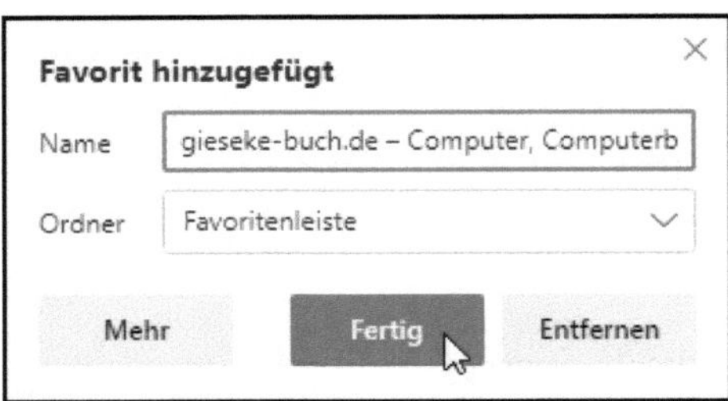

4. Bei *Ordnern* sollten Sie für oft genutzte Adressen die *Favoritenleiste* wählen. Dann können Sie den Eintrag dort direkt anklicken. Weniger oft besuchte Webseiten können Sie in anderen Ordner ablegen.

5. Klicken Sie dann auf *Fertig*, um den Favoriten anzulegen.

Die gespeicherten Webseiten sind über die Favoritenleiste bzw. das Favoritensymbol in der Edge-Symbolleiste zugänglich. Sie können aber auch einen Teil des Namens direkt im Adress- und Suchfeld eintippen, dann schlägt der Browser Ihnen den Favoriten als Vervollständigung vor.

Favoriten nachträglich bearbeiten

Ein einmal erstelltes Lesezeichen lässt sich nachträglich bearbeiten. Praktisch, wenn man sich beim Namen vertippt hat oder später eine bessere Bezeichnung dafür haben möchte. Aber auch die Adresse (URL) eines vorhandenen Favoriten lässt sich bei Änderungen anpassen, anstatt das Lesezeichen ganz zu löschen und neu anzulegen:

1. Klicken Sie dazu in der Symbolleiste von Edge rechts neben dem Adress- und Suchfeld auf das Favoritensymbol.

2. Wählen Sie im so geöffneten Menü den Befehl *Favoriten verwalten*.

3. Edge zeigt dann die Favoritenverwaltung an, in der alle gespeicherten Lesezeichen in der gewählten Ordnerstruktur abgebildet sind.

4. Öffnen Sie in der Navigationsleiste am linken Rand den Ordner, in dem der betreffende Favorit abgelegt ist.

5. Klicken Sie den Favoriten mit der rechten Maustaste an.

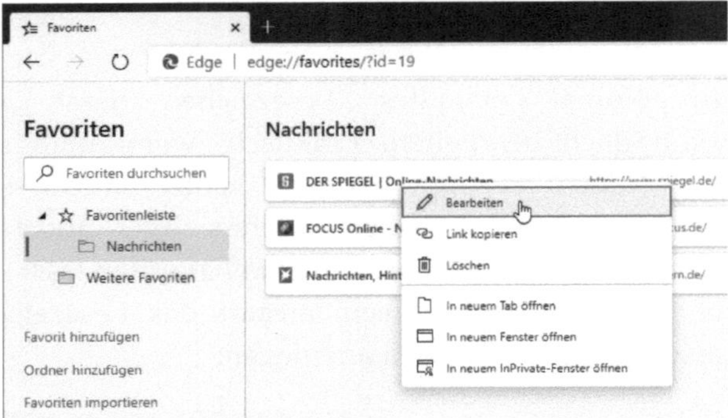

6. Wählen Sie im Menü den Befehl *Bearbeiten*, um die Bezeichnung des Favoriten zu ändern oder den URL zu bearbeiten, um die Adresse anzupassen.

7. Klicken Sie auf *Speichern* oder drücken Sie [Eingabe], um die Änderung zu übernehmen.

Sie können in der Favoritenverwaltung weitere Änderungen vornehmen, etwa die Reihenfolge von Lesezeichen verändern oder Favoriten verschieben. Das geht per Drag & Drop, indem Sie einen Eintrag mit gedrückter linker Maustaste erfassen, an die gewünschte Position ziehen und dort loslassen.

Mit der Favoritenleiste immer sofort Zugriff auf Ihre Lieblingsseiten

Für Webseiten, die Sie beinahe täglich verwenden, ist die Favoritenleiste die beste Zugangsvariante. Diese wird standardmäßig in neuen, leeren Tabs automatisch unterhalb der Symbolleiste eingeblendet. Sie zeigt alle Favoriten an, die Sie in dem gleichnamigen Ordner gespeichert haben.

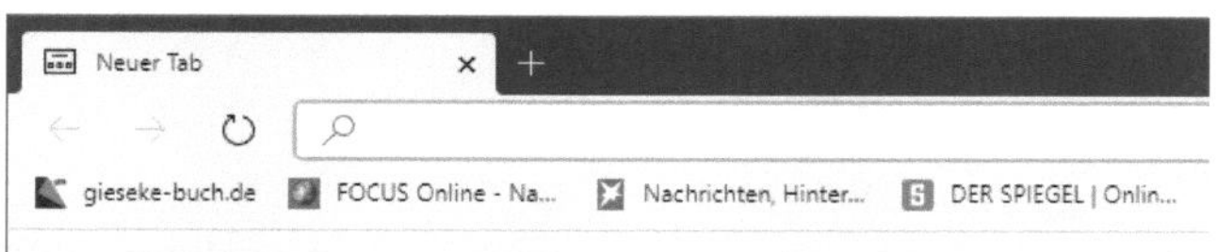

Die Favoritenleiste jederzeit anzeigen

Auch wenn die Favoritenleiste nicht immer angezeigt wird, können Sie sie bei Bedarf jederzeit auf den Bildschirm holen: Drücken Sie die Tastenkombination **[Strg] + [Umschalt] + [B]**, um die Leiste jederzeit ein- oder auszublenden.

Ob und wann diese Leiste angezeigt wird, können Sie selbst bestimmen. Öffnen Sie dazu über das Menü-Symbol die Einstellungen in der Rubrik *Darstellung*. Dort können Sie rechts im Abschnitt *Browser anpassen* die Option *Favoritenleiste anzeigen* wählen. Die Optionen sind:

- *Immer*: Die Leiste wird in allen Tabs ständig angezeigt.

- *Nie*: Die Leiste wird nie angezeigt.

▶ *Nur in neuen Tabs*: Die Leiste wird nur angezeigt, wenn Sie den Browser starten bzw. ein neues, leeren Tab öffnen.

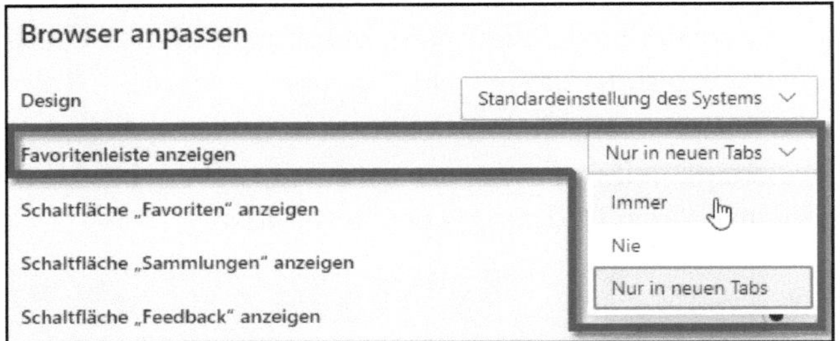

Platzsparend nur Symbole anzeigen

Standardmäßig werden in der Favoritenleiste zu jedem Lesezeichen ein Symbol und der Name (teilweise) angezeigt. Das kostet einigen Platz, so dass man nur eine begrenzte Menge an Favoriten unterbringen kann. Wenn ein Lesezeichen mit einem aussagekräftigen Symbol versehen ist, können Sie den Text weglassen und so Platz sparen. Klicken Sie dazu mit rechts auf den Eintrag und wählen Sie im Kontextmenü *Nur Symbol anzeigen*.

Favoriten als Symbole in Taskleiste oder Startmenü

Eine weitere Möglichkeit, schnell auf Edge-Lesezeichen zuzugreifen, ist das Anheften an Startmenü oder Taskleiste. Ein Klick darauf startet Edge und lädt direkt die dazugehörende Webseite.

1. Öffnen Sie die gewünschte Webseite in Edge.

2. Klicken oder tippen Sie rechts oben in Edge auf das Menü-Symbol, um das Menü im rechten Seitenbereich anzuzeigen.

3. Wählen Sie im Menü den Befehl *Weitere Tools/An Taskleiste anheften*.

4. Geben Sie im anschließenden Dialog einen Namen für den Eintrag an.

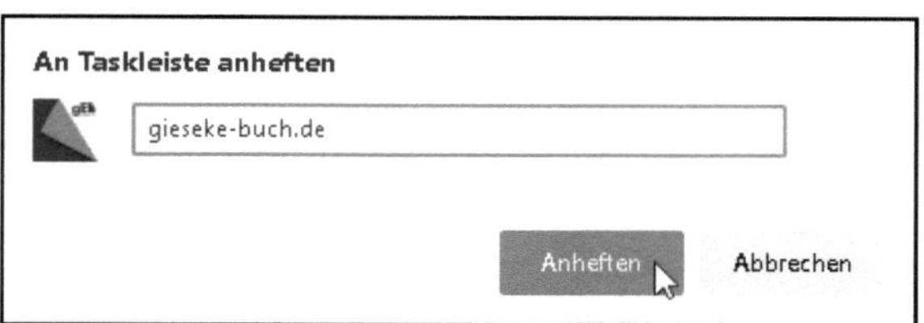

5. Edge erstellt dann ein neues Symbol in der Taskleiste. Hat die Webseite ein eigenes Icon, wird dieses verwendet. Andernfalls versieht Windows es mit einem generischen Symbol.

Technisch gesehen richtet Edge zu diesem Zweck eine Webapp auf Ihrem PC ein. Diesen finden Sie auch im Startmenü unter *Zuletzt hinzugefügt* oder später in der alphabetischen Liste. Dort können Sie auch eine entsprechende Kachel für das Startmenü erstellen (rechte Maustaste und dann *An "Start anheften"*).

Webapps wieder entfernen

Eine einmal eingerichtete Webapp bleibt erhalten, selbst wenn Sie das Symbol wieder aus Taskleiste und Startmenü entfernen. Sie finden sie aber in den Windows-Einstellungen in der App-Liste wieder, wo Sie sie auch deinstallieren können.

Besuchte Webseiten im Verlauf wiederfinden

Passiert es Ihnen auch ab und zu, dass Sie kürzlich eine tolle Webseite entdeckt haben, diese aber nicht mehr wiederfinden können, weil Sie die Adresse vergessen haben? Der Edge-Browser zeichnet alle Ihre Surfaktivitäten über einen festgelegten Zeitraum auf. Alle Seiten, die Sie in diesem Zeitraum besucht haben, können Sie in den Verlaufsdaten schnell wiederfinden.

1. Blenden Sie den Verlauf ein, indem Sie im Menü von Edge *Verlauf/Verlauf verwalten* wählen. Alternativ geht es auch schnell mit **[Strg]** + **[H]**. Das „H" steht dabei für das englische Wort History (dtsch. Geschichte), was das Merken dieses Kürzels einfacher machen mag.

2. Der Browser zeigt daraufhin die vorliegenden Verlaufsdaten an.

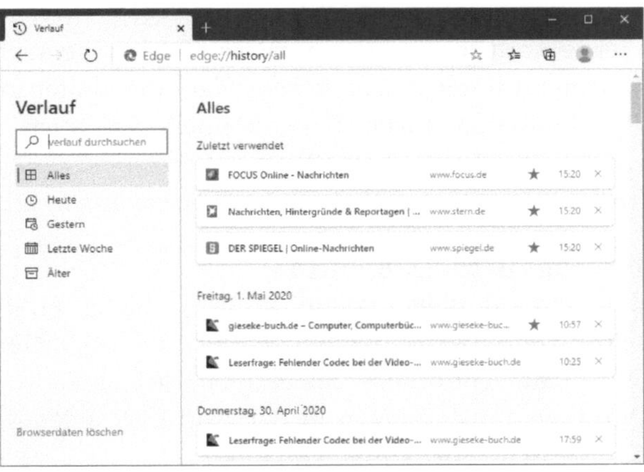

3. Wählen Sie den Tag aus, an dem Sie die Webseiten besucht haben, die Sie jetzt noch einmal sehen wollen. Sollte dieser Tag vor dem Beginn der aktuellen Woche liegen, wählen Sie die entsprechende Woche aus.

> ### So organisiert der Verlauf Tage und Wochen
> Im Verlauf werden die besuchten Adressen in Tagen und Wochen zusammengefasst. Die jüngsten Einträge finden Sie immer bei *Zuletzt verwendet* bzw. *Heute*. Der Verlauf der vergangenen Tage wird jeweils unter *Gestern* bzw. dem Namen und Datum des Wochentags abgelegt. Am Ende der Woche werden alle Tage in einem Wocheneintrag zusammengefasst (*Letzte Woche*) und die Aufzeichnung der einzelnen Tage beginnt von vorne. Die ältesten Einträge werden dann unter dem Stichwort *Älter* zusammengefasst.

4. Wenn Sie auf den Eintrag des gewünschten Tages bzw. der gewünschten Woche klicken, öffnet der Browser rechts eine Liste mit den Webseiten, die Sie in diesem Zeitraum besucht haben. Suchen Sie die Website heraus, die Sie abrufen möchten, und klicken Sie auf deren Eintrag.

5. Die Seite wird dann im Browser angezeigt und der Seitenbereich ausgeblendet.

Schnell gefunden – suchen Sie in den Verlaufsdaten

Alternativ zum chronologischen Recherchieren in den Verlaufsdaten können Sie auch nach bestimmten dort vermerkten Seiten suchen. Dazu sollten Sie allerdings einen möglichst eindeutigen Teil der Adresse oder des Titels der gewünschten Seite kennen. Denn der Verlauf protokolliert nur diese Angaben, nicht aber den eigentliche Inhalt der Seiten. Der Verlauf bietet in der Leiste links ein Suchfeld dafür. Sie können aber auch direkt das Adress- und Suchfeld des Browsers bemühen:

1. Geben Sie im Suchfeld des Edge-Browsers den Begriff ein, nach dem gesucht werden sollen.

2. Schon während der Eingabe überprüft der Browser (unter anderem) die im Verlauf gespeicherten Webseiten und listet alle passenden protokollierten Seiten auf. Vorschläge aus dem Verlauf erkennen Sie daran, dass den Einträgen ihr individuelles Icon (soweit vorhanden) vorangestellt wird und jeweils der Seitentitel und die Webadresse aufgeführt werden.

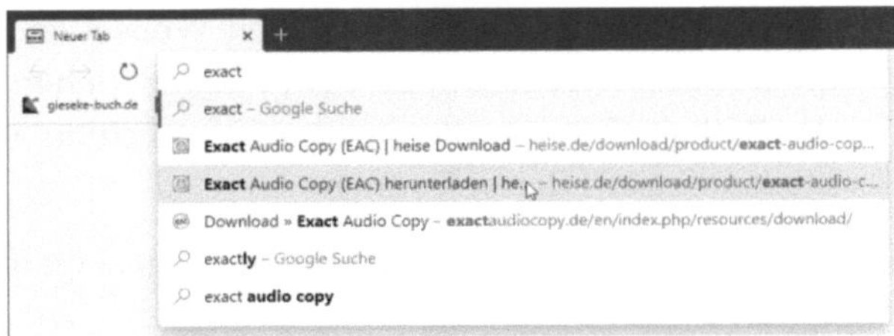

3. Um eine der gefundenen Seiten zu betrachten, klicken Sie sie einfach in der Liste an.

<u>Mehr vom selben Webangebot</u>

Wenn Sie im Verlauf zwar nicht die gesuchte Webseite, aber eine andere Seite aus demselben Angebot gefunden haben, klicken Sie mit der rechte Maustaste auf diesen Eintrag und wählen Sie im Kontextmenü *Mehr von derselben Website*. Dann listet der Verlauf alle protokollierten Besuche bei diesem Anbieter auf.

Einträge aus dem Verlauf entfernen

Eventuell ist Ihnen schon aufgefallen, dass die Einträge im Verlauf jeweils mit einem kleinen x am rechten Rand versehen sind. Mit einem Klick darauf entfernen Sie diesen Eintrag aus dem 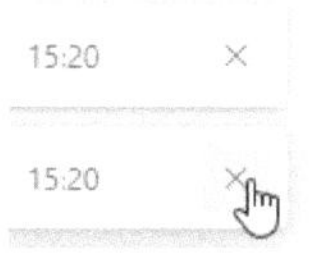 Verlauf. Das bezieht sich allerdings nur auf diesen Eintrag zu diesem Zeitpunkt. Besuchen Sie dieselbe Webseite später erneut, wird wieder ein Eintrag angelegt.

Schließlich können Sie den gesamten Verlauf mit einem Schlag löschen, wenn das nötig erscheinen sollte. Dazu finden Sie links unten in der Verlaufsliste den Link *Browserdaten löschen*. Im anschließenden Dialog können Sie wählen, für welchen Zeitbereich und welche Daten genau gelöscht werden sollen.

Webseiten thematisch in Sammlungen organisieren

Zu den Funktionen, die Microsoft für Edge neu erdacht hat, gehören Sammlungen. Sie ermöglichen es, beim Recherchieren beispielsweise eines bestimmtes Themas, Artikel oder Ortes merkenswerte Fundstellen direkt in einer Seitenleiste zu speichern. In Abgrenzung zu Favoriten legt man Sammlungen eher vorübergehend an. Ist das Thema erledigt, kann man eine Sammlung und damit alle darin gemerkten Webseiten auf einen Schlag wieder löschen.

1. Um eine neue Sammlung anzulegen, klicken Sie in der Symbolleiste von Edge auf das Sammlungen-Symbol.

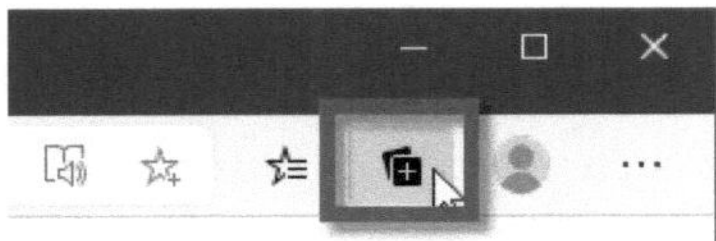

2. Damit blenden Sie rechts die Sammlungen-Symbolleiste ein, wo Sie auf *Neue Sammlung starten* klicken.

3. Im nächsten Schritt tippen Sie einen beliebigen Namen für diese Sammlung ein und drücken **[Eingabe]**. Damit ist die Sammlung angelegt.

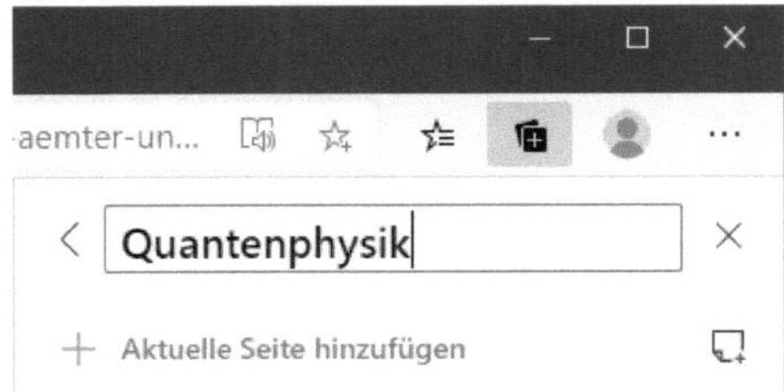

4. Bei der Gelegenheit können Sie ggf. auch gleich die *Aktuelle Seite hinzufügen*.

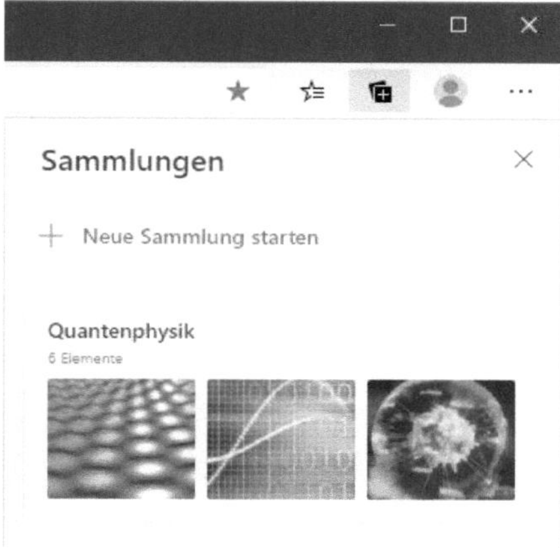

Während des Surfens können Sie nun jederzeit besuchte Webseite der Sammlung hinzufügen. Am besten geht das, wenn Sie den Sammlungen-Seitenbereich anzeigen lassen. Dann können Sie dort jederzeit eine Sammlung auswählen und innerhalb der Sammlung auf *Aktuelle Seite hinzufügen* klicken. Auch ohne Seitenbereich geht es über das Kontext-menü der rechten Maustaste. Wählen Sie dort *Seite zu Sammlungen hinzufügen* und im Untermenü eine Sammlung oder ggf. *Neue Sammlung starten*.

Im Sammlungen-Seitenbereich sehen Sie einen Überblick über die angelegten Sammlungen. Enthält eine Webseite ein passendes Bild, wird dieses als Vorschau verwendet, andernfalls kommt ein einfaches Symbol zum Einsatz. Klicken Sie auf eine Sammlung, wird diese geöffnet und Sie sehen alle enthaltenen Seiten mit Titel. Ein Klick öffnet eine der Seiten in Edge. Halten Sie dabei **[Strg]** gedrückt, wird sie in einem neuen, zusätzlichen Tab geladen.

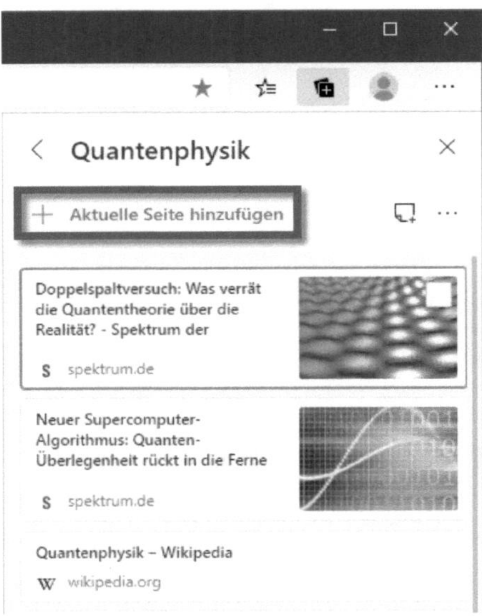

<u>Einzelne Abschnitte zu Sammlungen hinzufügen</u>

Sie können nicht nur ganze Webseite sammeln. Interessiert Sie nur ein kleiner Abschnitt eines umfangreicheren Textes, markieren Sie diesen und klicken Sie mit der rechten Maustaste auf die Markierung. Im Kontextmenü finden Sie nun den Befehl *Zu Sammlungen hinzufügen*. Bei dieser Variante wird nur der markierte Abschnitt als Element in die Sammlung eingefügt. Edge protokolliert aber zugleich die Quelle des Textes. Wenn Sie den Abschnitt in der Sammlung anklicken, wird die ursprüngliche Webseite im Browser geöffnet.

Sammlungen mit eigenen Notizen ergänzen

Sammlungen lassen sich mit eigenen Notizen ergänzen, die unabhängig von einer konkreten Webseite als Teil dieser Sammlung gespeichert werden.

1. Öffnen Sie dazu eine Sammlung in der Seitenleiste und klicken Sie rechts oben neben *Aktuelle Seite hinzufügen* auf das Seitensymbol.

2. Im so geöffneten Dialog können Sie beliebig Text eingeben und mit einfachen Mitteln gestalten.

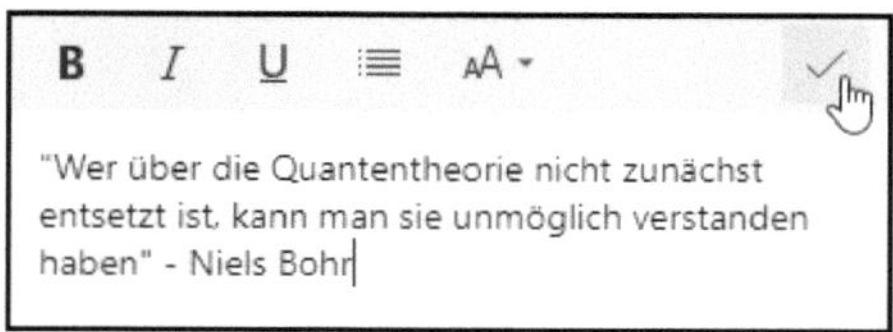

3. Klicken Sie abschließend oben rechts auf das Häkchen, um die Notiz in der Sammlung zu speichern.

Download-Manager mit SmartScreen-Filter

Der Edge-Browser verfügt über einen Download-Manager, der mehrere Downloads gleichzeitig verwalten und durchführen kann. Er erlaubt es z. B. auch, längere Downloads zwischenzeitlich anzuhalten und zu einem späteren Zeitpunkt fortzusetzen. Und wichtig: Alle Downloads werden vom SmartScreen-Filter auf schädliche Inhalte überprüft. Dadurch sinkt die Wahrscheinlichkeit, sich versehentlich Viren, Trojaner oder Rootkits „einzufangen", erheblich.

1. Beim Starten eines Downloads hat sich nichts verändert. Klicken Sie einfach auf den Link zu der Datei, die Sie herunterladen möchten.

2. Dadurch wird automatisch der Download-Manager aktiviert und beginnt das Herunterladen. Er meldet sich mit einer Mitteilung am links unten im Browserfenster, wo Sie den Fortschritt verfolgen können. Die Datei wird standardmäßig in Ihrem Downloads-Ordner gespeichert.

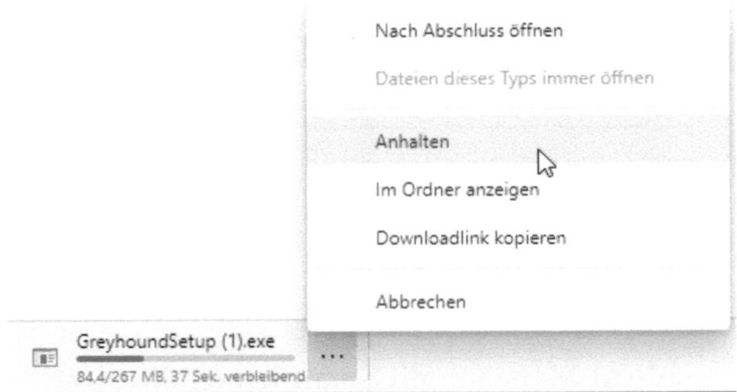

3. Mit dem Drei-Punkte-Symbol der Download-Anzeige können Sie ein kleines Menü öffnen. Darin können Sie den laufenden Download *Anhalten* und später fortsetzen, sofern der Server dies unterstützt. In jedem Fall können Sie das Herunterladen *Abbrechen*.

4. Nach Abschluss der Übertragung tritt automatisch der SmartScreen-Filter in Aktion und

überprüft die Datei. Das dauert in der Regel nur wenige Sekunden. Sollte der Filter Anlass zur Sorge haben, weist er Sie darauf hin.

5. Schön während das Herunterladen noch läuft, können Sie im Menü mit *Nach Abschluss öffnen* dafür sorgen, dass die Datei nach Download und Virenüberprüfung automatisch geöffnet wird. Andernfalls klicken Sie einfach später auf *Datei öffnen*. Sollte der Eintrag nicht mehr angezeigt werden, finden Sie die Datei im ausgewählten Ordner (üblicherweise *Downloads*).

Alle Downloads im Überblick

Im Menü von Edge können Sie mit Downloads eine Übersicht der zuletzt heruntergeladenen Dateien abrufen. Alternativ verwenden Sie dafür das Tastenkürzel **[Strg]** + **[J]**. Die Liste ist chronologisch nach Tagen sortiert. Bei durchgestrichenen Dateien ist nur noch der Download vermerkt, obwohl die Datei selbst bereits aus dem Download-Ordner entfernt wurde.

Zusätzlich können Sie im linken Seitenbereich Filter verwenden, um beispielsweise nur *PDF-Dateien* oder nur *Videos* anzuzeigen. Die Liste wird dann automatisch auf Dateien in einem entsprechenden Format beschränkt. Rechts unten können Sie den *Downloadordner öffnen*, falls Sie nicht mehr wissen, wo dieser sich im Dateisystem befindet.

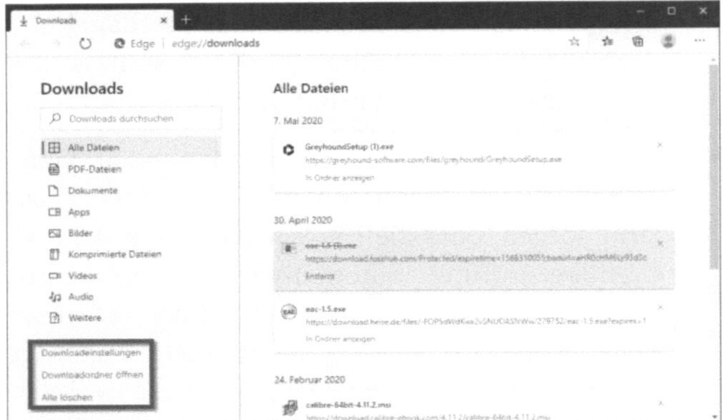

Den SmartScreen-Filter deaktivieren

Wenn Sie eine andere Antivirensoftware einsetzen, die Downloads gezielt überwacht, können Sie den SmartScreen-Filter deaktivieren. Auch wenn er mal über das Ziel hinausschießt, kann das vorübergehend (!) sinnvoll sein. Das kann bei kleineren Websites und unbekannteren Programmen auftreten, die sozusagen unter dem Radar des SmartScreen-Filters laufen. Liegen darüber keine Informationen vor, stuft der Filter diese ggf. vorsichtshalber als Gefahr ein. Die Option dafür finden Sie in den Edge-Einstellungen in der Rubrik *Datenschutz und Dienste* im Abschnitt *Dienste*. Schalten Sie hier die Option *Microsoft Smart Defender* aus.

Den Download-Ordner ändern

Standardmäßig verwendet Edge den Download-Ordner in Ihrem Benutzerverzeichnis als Ziel für heruntergeladene Dateien. Wenn Sie damit nicht zufrieden sind können Sie das in den Einstellungen ändern:

1. Öffnen Sie in den Edge-Einstellungen die Rubrik *Downloads*.

2. Hier können Sie den Ordner bei *Standort* ändern (nicht von der merkwürdigen Übersetzung stören lassen).

3. Alternativ oder ergänzend können Sie darunter die Option *Vor dem Download fragen, wo die einzelnen Dateien gespeichert werden sollen* einschalten. Dann fragt Edge bei jedem Herunterladen erst nach, wo Sie die Datei hingespeichert haben möchten.

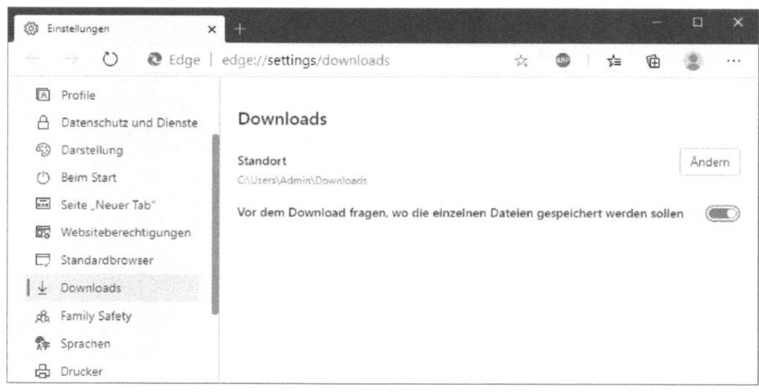

Längere Texte komfortabel lesen

Direkt rechts neben dem Adress- und Suchfeld des Edge-Browsers finden Sie das Symbol für die Leseansicht. Damit wechseln Sie zu einer augenfreundlicheren Darstellung von Webseiten. Sie eignet sich insbesondere für längere Texte wie Artikel, Blogbeiträge und andere Onlinedokumente. Edge wechselt dabei zu einer dezenten, angenehmen Hintergrundfarbe, verwendet eine spezielle lesefreundliche Schriftart und verzichtet automatisch auf störende Elemente wie Werbebanner, Seitenleisten, Navigationselemente etc. Auch Bilder werden größtenteils weggelassen, wenn sie den Lesefluss stören würden.

1. Wenn bei der aktuell angezeigten Webseite die Leseansicht zur Verfügung steht (siehe nachfolgenden Hinweis), wird das Symbol im Adress- & Suchfeld automatisch angezeigt. Klicken Sie einfach darauf, um zur Leseansicht zu wechseln, oder drücken Sie **[F9]**.

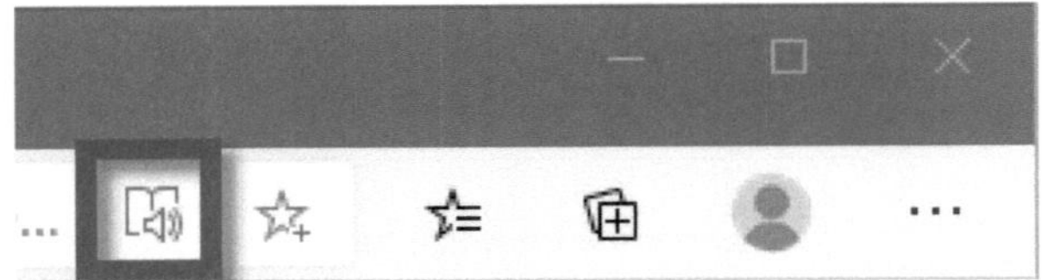

2. Edge wandelt dann sofort die Darstellung der Seite in die Leseansicht um. Die Änderungen dürften direkt ins Auge fallen.

3. Sie können den Text nun nach Belieben lesen. Wollen Sie die Ansicht später verlassen, klicken Sie erneut auf das Symbol oder nutzen die Zurück-Funktion des Browsers. Enthält der Text Verweise auf andere Seiten, können Sie diese auch benutzen. Die Leseansicht wird beim Laden anderer Webseiten automatisch deaktiviert.

4. Sollte die Größe der Schrift nicht Ihren Vorstellungen entsprechen, können Sie wie immer im Browser **[Strg]** + **[+]** bzw. **[Strg]** + **[-]** für eine sofortige Anpassung in festen Schritten verwenden. **[Strg]** + **[0]** kehrt jederzeit zur Standardanzeige (100 %) zurück. Dauerhaft können Sie die Darstellung der Leseansicht in den Einstellungen anpassen (siehe im Folgenden).

<u>Leseansicht nur bei textlastigen Webseiten</u>
Der Lesemodus von Edge ist nur für Webseiten sinnvoll nutzbar, die zum überwiegenden Teil aus Textinhalt bestehen. Der Browser erkennt selbstständig, wann es sich um solche Webseiten handelt, und zeigt automatisch nur dann das Leseansicht-Symbol.

Die Leseansicht individuell anpassen

Die Darstellung der Leseansicht lässt sich in gewissem Umfang an Ihren Bildschirm und Ihre Lesegewohnheiten anpassen.

1. Wenn Sie zur Leseansicht wechseln wird standardmäßig oben eine zusätzliche Symbolleiste angezeigt. Falls nicht, klicken Sie mit der linken Maustaste irgendwo auf die Webseite.

2. Klicken Sie in der Symbolleiste auf *Texteinstellungen,* um ein Menü mit verschiedenen Darstellungsoptionen zu öffnen:

▶ Mit dem Schieber oben legen Sie die Textgröße fest (oder auch jederzeit mit **[Strg]** + **[+]** bzw. **[Strg]** + **[-]**).

- Mit der Option *Textabstand* wird der gesamte Text in Höhe und Breite großzügiger gesetzt, was einfach eine Frage der persönlichen Vorliebe ist.

- Bei den *Seitendesigns* finden Sie mehrere Varianten wie Schwarz auf Weiß oder Weiß auf dunklem Hintergrund. Klicken Sie darunter auf *Weitere Designs*, um die Auswahl um weitere Farbkombinationen zu erweitern

Grammatiktools

Auch hinter dem Menüpunkt *Grammatiktools* verbergen sich Einstellungen zum Steuern der Anzeige. So können hier Silbentrennstriche eingefügt oder Wortarten farbig markiert werden. Für jüngere oder ältere Menschen mit Leseschwierigkeiten können das ggf. gute Hilfen sein.

Konzentration durch Zeilenfokussierung

Eine weitere nützliche Funktion der Leseansicht soll beim konzentrierten Lesen längerer Texte behilflich sein. Dabei fokussiert die Leseansicht jeweils nur einen kurzen Teil des gesamten Textes und blendet den Rest aus. Probieren Sie einfach mal aus, ob Ihnen diese Methode zu schnellerem und besserem Textverständnis verhilft.

1. Klicken Sie dazu in der Symbolleiste der Leseansicht auf *Reading preferences* (was in Zukunft vermutlich noch eingedeutscht wird).

2. Aktivieren Sie den Schalter bei *Zeilenfokus*.

3. Sie werden dann sofort bemerken, dass in der Leseansicht der meiste Text bis auf wenige Zeilen ausgeblendet wird.

4. Mit den drei Symbolen darunter steuern Sie, wie groß der jeweils sichtbare Teil des Textes sein soll.

5. Die Zeilenfokussierung endet automatisch, wenn Sie die Leseansicht schließen. Sie können sie auch jederzeit mit dem Schalter aus Schritt 2 wieder abschalten.

Um den Fokus beim Lesen zu verschieben, nutzen Sie die Blättern-Symbole unten rechts. Sehr komfortabel geht es auch mit dem Scrollrad einer Maus oder per Touchpad bzw. Touchscreen. Die Fokussierung passt sich beim Lesen automatisch an und erweitert sich beispielsweise, wenn ein Artikel Bilder enthält, die sonst nicht vollständig in den Fokusbereich passen würden.

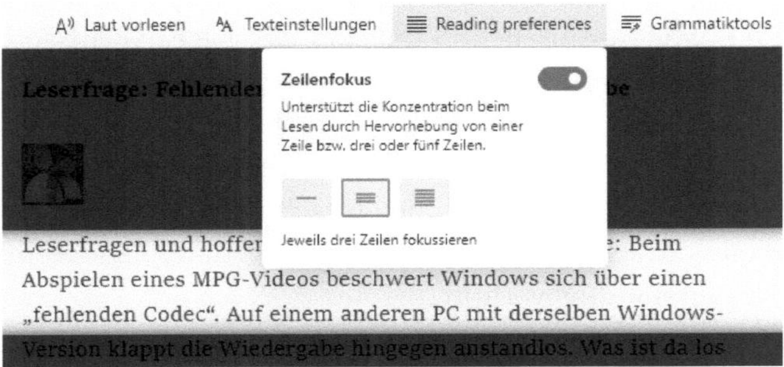

Webseiten vorlesen lassen

Praktisch nicht nur für Menschen mit Sehschwäche: Edge kann Ihnen die Inhalte von Webseiten vorlesen – ganz ohne Zusatzsoftware. Klicken Sie dazu in der Symbolleiste der Leseansicht auf *Laut vorlesen*.

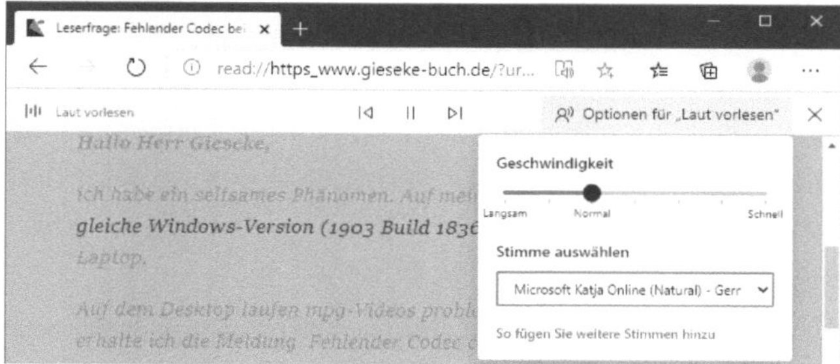

Edge beginnt dann direkt mit der Wiedergabe. Gleichzeitig wird oben eine schmale Steuerleiste eingeblendet. Hier können Sie die Wiedergabe anhalten und fortsetzen sowie zum nächsten oder vorherigen Textabschnitt springen. Mit *Optionen für "Laut vorlesen"* öffnen Sie einen kleinen Einstellungsdialog, in dem Sie die Sprechgeschwindigkeit individuell anpassen sowie verschiedene Stimmen auswählen können. Mit dem X-Symbol ganz rechts beenden Sie das Vorlesen jederzeit.

Markierte Abschnitte vorlesen
Sie können auch einen bestimmten Textabschnitt markieren und sich diesen vorlesen lassen. Klicken Sie dazu mit der rechtem Maustaste auf die Auswahl und wählen Sie im Kontextmenü *Auswahl laut vorlesen*.

PDF-Dokumente lesen und bearbeiten

Edge soll nicht nur ein Webbrowser sein, sondern auch das Betrachten und Bearbeiten elektronischer Dokumente ermöglichen. Das erspart das Installieren zusätzlicher Viewer-Programme und bietet eine einheitliche Oberfläche für Informationen. Dementsprechend unterstützt Microsoft Edge das Betrachten und Bearbeiten von PDF-Dokumenten. Wenn Sie auf einen Link zu einer PDF-Datei klicken, lädt Edge diese also nicht herunter, sondern zeigt den Inhalt direkt an. Ebenso können Sie auch lokal gespeicherte PDFs in Edge öffnen.

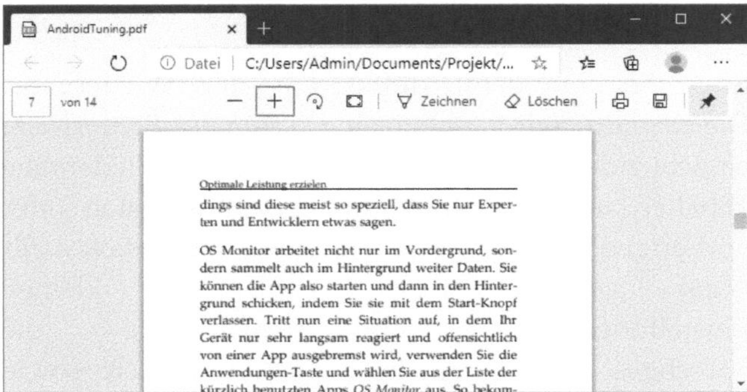

Beim Anzeigen elektronischer Dokumente wird automatisch eine zusätzliche Symbolleiste eingeblendet wird. Sie bietet Funktionen, um die Darstellung zu steuern und sich beispielsweise Dokumente vorlesen zu lassen.

▶ Ganz links in der Leiste sehen Sie die Gesamtzahl der Seiten im Dokument und die Angabe der aktuellen Seite. Letztere können Sie verändern und so direkt zu einer bestimmten Seite springen. Ansonsten blättern Sie mit den Pfeiltasten.

▸ Die Symbole + und – stellen Ihnen eine einfache Zoomfunktion bereit.

▸ Mit dem kreisförmigen Pfeil rechts daneben drehen Sie die Anzeige schnell, falls das Dokument nicht korrekt angezeigt wird.

▸ Mit dem Kästchen daneben wechseln Sie schnell zwischen verschiedenen Seitenbreiten.

▸ *Zeichnen* gibt Ihnen einen virtuellen Stift an die Hand, mit dem Sie im Dokument wichtige Stellen markieren oder auch Anmerkungen einfügen können. *Löschen* ist dazu das virtuelle Radiergummi, das Anmerkungen wieder entfernt.

▸ Die zwei Elemente ganz rechts dienen wie gewohnt dem Drucken und Speichern des angezeigten Dokuments.

▸ Mit dem Stecknadelkopf ganz rechts heften Sie die Symbolleiste an, so dass sie beim Lesen nicht mehr automatisch ausgeblendet wird.

PDF-Formulare im Browser ausfüllen

Eine auf den ersten Blick nicht sichtbare Möglichkeit ist das Ausfüllen von PDF-Formularen. Voraussetzung ist, dass das Formular vom Anbieter tatsächlich mit den entsprechenden interaktiven Elementen erstellt wurde und nicht nur sozusagen eine Abbildung eines Formulars ist. Solche interaktiven Elemente werden von Edge automatisch erkannt und können ausgefüllt werden.

1. Wenn ein PDF-Dokument mit Eingabefeldern versehen ist, erkennt Edge dies automatisch und zeigt diese Felder grau hinterlegt als veränderbare Elemente an.

2. Platzieren Sie die Einfügemarke in einem der Felder. Tippen Sie dann einfach den Inhalt ein, den dieses Feld haben soll. Ihre Eingabe wird direkt im Formular angezeigt.

Titel (optional)	
Vorname	Klaus
Nachname	Kuntze
Einrichtung	
E-Mail-Adresse	

3. Um zu einem anderen Formularelement zu wechseln, platzieren Sie die Einfügemarke an dessen Position. Alternativ können Sie auch mit **[Tab]** bzw. **[Umschalt]** + **[Tab]** zwischen den anwählbaren Elementen hin- und herwechseln.

4. Haben Sie ein Formular ausgefüllt, können Sie es wie gewohnt über die Symbolleiste ausdrucken oder speichern. Es wird dann mitsamt dem eingefügten Inhalt ausgegeben.

Mit dem Edge-Browser anonym und sicher surfen

Sicherheit und Datenschutz sind beim Edge-Browser sehr wichtige Themen. Hierzu gibt es gleich mehrere Funktionen und Schutzmechanismen, die dem Surfer Schutz und bei Bedarf Anonymität gewährleisten.

Mit dem InPrivate-Modus vorübergehend ganz sicher surfen

Zu den Datenschutzfunktionen des Edge-Browsers gehört das InPrivate-Surfen. In diesem Modus verzichtet der Edge-Browser auf das Speichern aller Arten von Daten, mit denen Ihre Aktivitäten verfolgt werden können. Selbst Cookies werden nur für diese eine Surfsitzung aufbewahrt (um z. B. Onlineshopping zu ermöglichen) und anschließend sofort wieder gelöscht. Der InPrivate-Modus eignet sich deshalb hervorragend, wenn Sie z. B. vorübergehend an einem fremden PC surfen wollen oder wenn Sie Aktivitäten am eigenen PC vor anderen Mitbenutzern geheim halten möchten.

1. Um den InPrivate-Modus zu nutzen, öffnen Sie mit dem Menü-Symbol in der Symbolleiste des Browsers das Menü und wählen dort ganz oben *Neues InPrivate-Fenster*. Alternativ geht es mit dem Tastenkürzel **[Strg]** + **[Umschalt]** + **[N]** schneller.

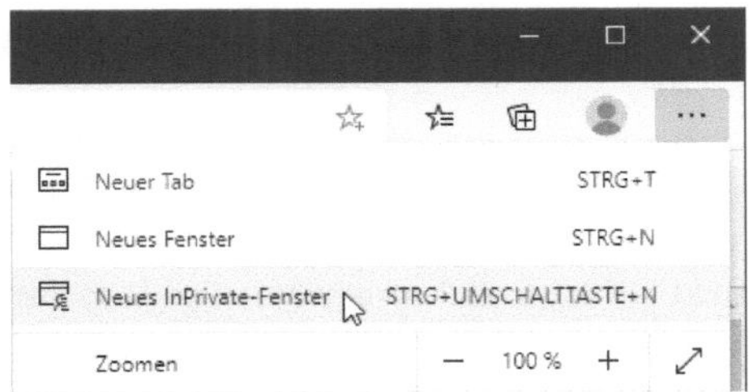

2. Der Edge-Browser öffnet dann ein neues Fenster, das sich durch seine Farbgestaltung und den Schriftzug *InPrivate-Browsen* deutlich vom üblichen Edge-Fenster unterscheidet. Unterhalb des Suchfeldes finden Sie Hinweise zum InPrivate-Modus.

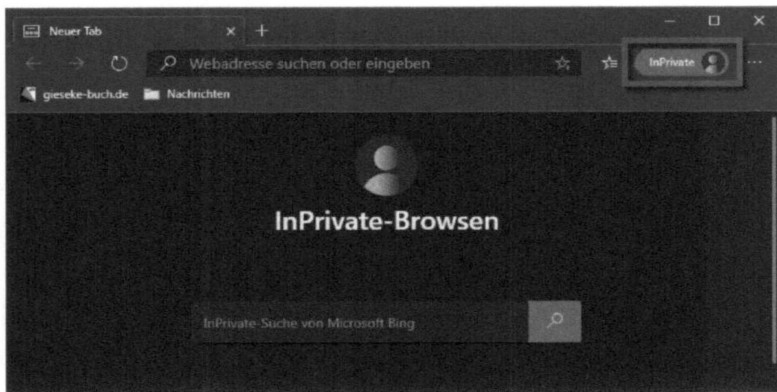

3. Wichtig ist auch das Kontosymbol in der Symbolleiste des Browserfensters. Anstelle eines Kontos finden Sie hier nun den unübersehbaren Hinweis InPrivate. Solange diese Markierung sichtbar ist, können Sie sich darauf verlassen, im Datenschutzmodus zu surfen.

4. Sie können nun wie gewohnt surfen, shoppen und sonstigen Onlineaktivitäten nachgehen.

5. Um den InPrivate-Modus wieder zu beenden, schließen Sie einfach dieses Browserfenster.

Sie können herkömmliche Browserfenster und ein InPrivate-Fenster beliebig parallel nutzen. Der Edge-Browser kann beides sauber trennen und surft in der InPrivate-Sitzung trotzdem mit vollem Datenschutz. Nur Sie selbst sollten darauf achten, in welchem der Fenster Sie gegebenenfalls vertrauliche Daten eingeben.

Unerwünschtes Tracking verhindern

Werbevermarkter und Datenschnüffler lassen sich immer neue Technologien einfallen, mit denen sie Surfer identifizieren und deren Verhalten möglichst nahtlos nachverfolgen können. Edge bringt spezielle Funktionen mit, die solche Tracking-Elemente in Webseiten erkennen und blockieren sollen. Standardmäßig laufen diese auf einem sinnvollen Niveau, dass einen Kompromiss zwischen Schutz und Benutzerfreundlichkeit anstrebt. Sie können die Einstellungen aber individuell anpassen und Regeln für spezielle Webseiten festlegen.

1. Ausgangspunkt sind die Websiteinformationen, die Sie jederzeit zur aktuell geöffneten Webseite anzeigen können. Klicken Sie dazu links neben dem Adress- & Suchfeld auf den Infobereich.

2. Im so geöffnete Dialog sehen Sie eine Bewertung der Webseite nach Sicherheits- und Datenschutzgesichtspunkten.

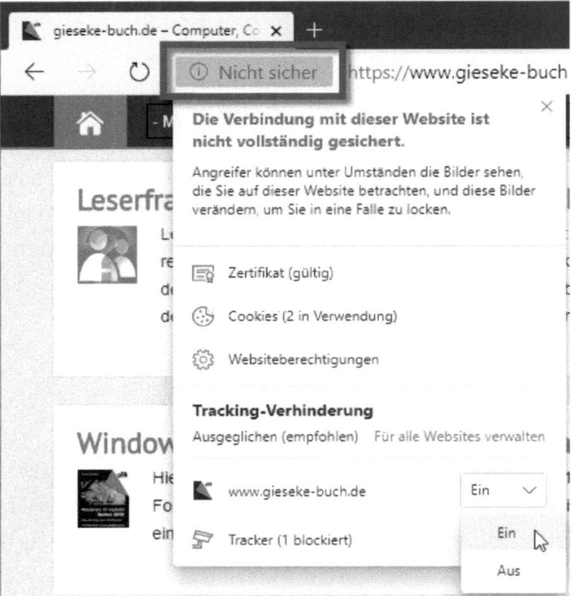

▶ Insbesondere wenn Sie vertrauliche Informationen wie Kennwörter, PINs oder Kreditkartendaten eingeben möchten, sollte die Verbindung stets vollständig sicher sein. Das können Sie ganz oben überprüfen.

▶ Darunter sehen Sie ggf. Informationen über das *Zertifikat* des Anbieters sowie verwendete *Cookies*.

▶ Mit *Websiteberechtigungen* können Sie für einzelne Webseiten Zugriffsrechte festlegen, die von den Standardeinstellungen des Browsers abweichen.

▶ Im Abschnitt *Tracking-Verhinderung* sehen Sie den aktuell gewählten Modus dieser Schutzfunktion - standardmäßig *Ausgeglichen*.

- Darunter können Sie den Tracking-Schutz für die aktuell geöffnete Website individuell ein- oder ausschalten. Edge „merkt" sich dieses Einstellung und aktiviert sie automatisch wieder, wenn Sie diese Seiten später erneut besuchen.

- Ganz unten schließlich sehen Sie, ob und wieviele Tracking-Elemente die aktuelle Webseite enthält. Mit einem Klick auf den Eintrag öffnen Sie ein Untermenü mit diesen Trackern.

3. Sollte eine Webseite nicht korrekt funktionieren und Sie haben bezgl. Tracking keine Bedenken, können Sie die Funktion für diese Webseite mit dem Einstellungsfeld unter *Tracking-Verhinderung* abschalten.

4. Mit einem Klick auf *Für alle Websites verwalten* öffnen Sie die Tracking-Einstellungen für Edge mit den globalen Einstellung. Alternativ finden Sie diese auch in den Einstellungen in der Rubrik *Datenschutz und Dienste* ganz oben.

5. Mit dem Schalter rechts oben schalten Sie den Tracking-Schutz global ein oder aus.

6. Die drei Kästchen darunter stehen für verschiedene Profile, mit denen die Tracking-Verhinderung zu Werke gehen kann:

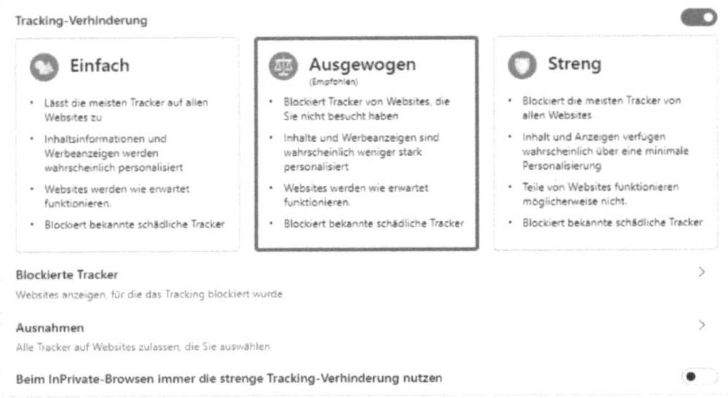

▶ *Einfach* blockiert im wesentlichen als schädlich bekannte Tracking-Elemente und lässt ansonsten alles zu. Probleme mit Webseiten gibt es in diesem Modus praktisch nicht.

▶ *Ausgewogen* ist die empfohlene Standardeinstellung. Damit werden schädliche Tracker und Elemente blockiert, die von externen Adressen in Webseiten eingebunden werden. Das bietet einen guten Basisschutz und sollte selten zu Problemen mit Darstellung oder Funktionalität von Webseiten führen.

▶ Wenn Sie sehr großen Wert auf das Blockieren von Trackern legen, können Sie *Streng* ausprobieren. Hierbei wird fast alles blockiert, was allerdings zu regelmäßig zu Problemen mit Webseiten führen wird. Für diese können Sie dann aber wie vorangehend beschrieben ggf. den Tracking-Schutz deaktivieren.

Benachrichtigungen von Webseiten blockieren

Die neueste Mode bei Webseiten-Designern, ist es, Besuchern Benachrichtigungen in Form von Popup-Fenster zu schicken, die auf Neuigkeiten oder Produkte aufmerksam machen sollen. Das lässt Edge standardmäßig nicht zu, fragt aber jedes Mal nach, ob Sie es vielleicht doch erlauben möchten. Ihre Entscheidung „merkt" sich Edge und handelt beim nächsten Mal automatisch dementsprechend.

Wenn Sie von diesen ständigen Rückfrage genervt sind, können Sie solche Benachrichtigungen aber auch ganz untersagen:

1. Öffnen Sie in den Einstellungen von Edge die Rubrik *Websiteberechtigungen*.

2. Lokalisieren Sie in der Liste der Berechtigungen den Eintrag *Benachrichtigungen* und klicken Sie darauf.

3. Schalten Sie auf der anschließenden Seite den Schalter bei *Vor dem Senden fragen* aus. Dann werden solche Anfragen automatisch blockiert.

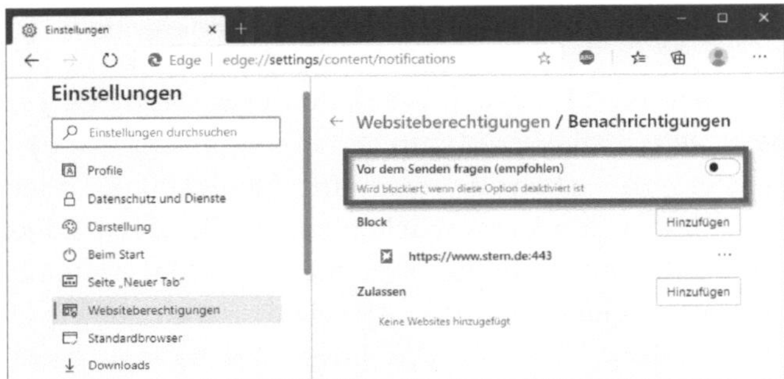

Falls Sie von einzelnen Webseiten doch Benachrichtigungen erhalten möchten, können Sie diese auf derselben Einstellungsseite in die *Zulassen*-Liste aufnehmen. Oder Sie schalten die Funktion kurzzeitig wieder an, besuchen die Websseiten, genehmigen auf Anfrage Benachrichtigungen von dort und schalten die Funktion dann wieder aus.

Mit wechselnden Profile surfen

Eine weitere Möglichkeit, Datenschutz mit Komfort zu kombinieren, ist das Verwenden verschiedener Profile in Edge. Ähnlich wie Windows-Benutzer jeweils eine individuelle Umgebung und ihre eigenen Dateien vorfinden, können Sie auch in Edge verschiedene Benutzerprofile anlegen, die jeweils ihre eigenen Einstellungen verwenden. So können Sie beispielsweise ein restriktives Profil für allgemeine Recherchen haben, ein sehr sicheres Profil für Online-Banking und Shopping und ein weniger strenges Profil, um komfortabel in Ihren Lieblingsforen mitdiskutieren zu können.

1. Um ein neues Profil anzulegen, klicken Sie oben rechts auf das Profilsymbol.

2. In der Profilübersicht ist entweder Ihr verknüpftes Microsoft-Konto zu sehen oder ein generisches *Profil 1*.

3. Klicken Sie darunter auf *Profil hinzufügen* und dann nochmal auf *Hinzufügen*.

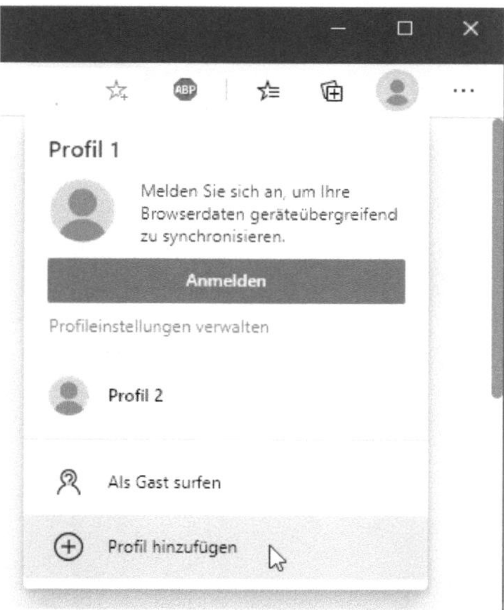

4. Sie können nun dieses neue Profil mit einem Microsoft-Konto verknüpfen oder aber einfach rechts unten auf *Bestätigen* klicken.

5. Edge startet dann eine weitere Browserinstanz. Wenn Sie darin erneut auf das Profil-Symbol in der Symbolleiste klicken, sehen Sie, dass Sie nun mit *Profil 2* (oder *Profil 3* usw.) surfen.

6. Um die Profile zu personalisieren, klicken Sie in der Profilübersicht auf *Profileinstellungen verwalten*.

7. Wechseln Sie ggf. zum gewünschten Profil und klicken Sie dort auf das Drei-Punkte-Symbol. Wählen Sie im Menü den Befehl *Bearbeiten*.

8. Auf der anschließenden Seite können Sie einen individuellen Namen für das Profil festlegen. Außerdem können Sie aus den Symbolen ein passendes wählen, so dass Sie das Profil immer direkt daran erkennen können.

Zwischen den so eingerichteten Profilen wechseln Sie jederzeit nach Bedarf hin und her. Beachten Sie, dass

Edge jedes Mal ein zusätzliches Browserfenster öffnet. Stellen Sie also sicher, dass Sie jeweils auch wirklich das gewünschte Profil nutzen. Das Profilsymbol wird dauerhaft in der Symbolleiste angezeigt und bietet somit gute Orientierung.

Profil 1 als meistgenutztes Profil
Wenn Sie Edge öffnen, startet er immer mit Profil 1 (bzw. dem ehemaligen Profil 1, wenn Sie es umbenannt haben). Deshalb sollte Sie dieses Profil mit den Einstellungen versehen, mit denen Sie meistens surfen möchten. Zu weiteren Profilen mit spezielleren Einstellungen wechseln Sie dann nach Bedarf.

Mit dem Application Guard noch sicherer surfen

Der Application Guard geht noch einen Schritt weiter als der InPrivate-Modus: Er führt den gesamten Browser in einer virtuellen Umgebung aus, die vom restlichen Betriebs- und Dateisystem vollständig getrennt ist. Selbst wenn besuchte Webseiten Schadsoftware enthalten, könnte diese also allenfalls in der virtuellen Umgebung und temporär Probleme verursachen. Das Betriebssystem sowie Ihre Daten sind aber zu keinem Zeitpunkt gefährdet.

Beim Beenden der Sitzung wird der virtuelle Sandkasten – und damit eventuelle Schädlinge – vollständig gelöscht. Mit dem Application Guard können Sie somit die finstersten Ecken des Internets besuchen, ohne Risiken einzugehen, sich mit Malware zu infizieren.

Den Application Guard aktivieren

Der Application Guard für Edge ist in Windows 10 enthalten, standardmäßig aber deaktiviert. Wenn Sie ihn verwenden möchten, müssen Sie ihn also einmalig aktivieren:

1. Öffnen Sie in der klassischen Systemsteuerung die Rubrik *Programme und Features* und darin *Windows-Features aktivieren oder deaktivieren*.

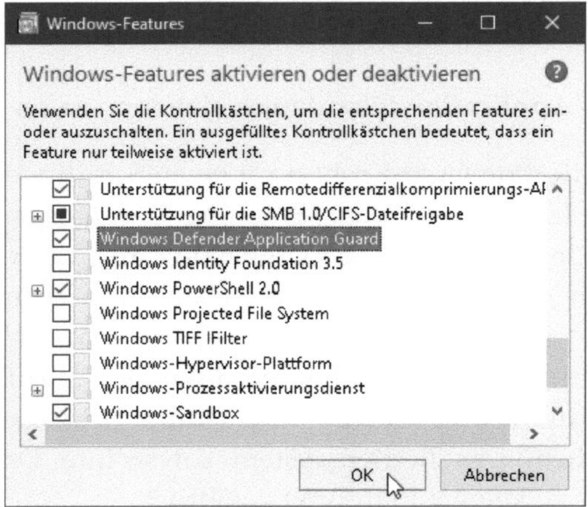

2. Suchen Sie in der so geöffneten Liste den Eintrag *Windows Defender Application Guard* und setzen Sie davor ein Häkchen.

3. Klicken Sie darunter auf *OK* und warten Sie, bis das Feature installiert wurde.

4. Anschließend muss der PC einmal neu gestartet werden.

Surfsitzungen mit dem Application Guard beginnen

Haben Sie den Application Guard wie vorangehend beschrieben aktiviert, finden Sie im Edge-Browser einen neuen Menüeintrag namens *Neues Application Guard-Fenster* vor. Damit können Sie jederzeit eine Surfsitzung mit dem Schutz des Application Guard starten. Der erste Start kann dabei einige Sekunden dauern – danach geht es flotter.

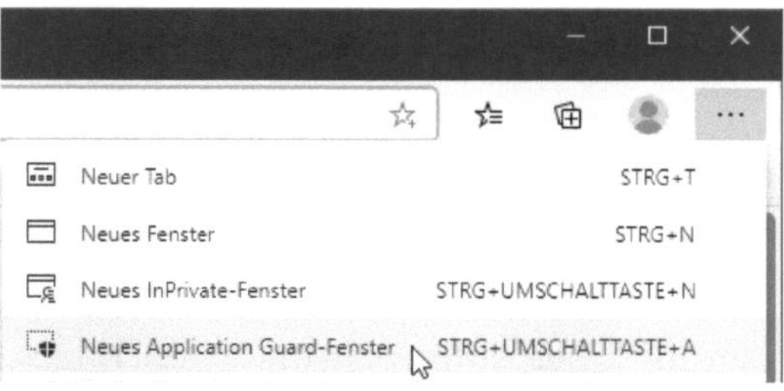

Das Browser-Fenster unterscheidet sich bei Verwendung des Application Guard kaum von einem herkömmlichen Edge-Fenster. Nur in der Ecke wird ein zusätzliches Symbol angezeigt, an dem Sie zuverlässig erkennen können, dass Sie nun in einem geschützten Bereich surfen. Zum Beenden schließen Sie das Fenster einfach wieder.

Der SmartScreen-Filter schützt vor Gefahren

Zu den größten Bedrohungen für Websurfer gehört das Phishing, das Abfischen von vertraulichen Informationen und Zugangsdaten. Microsoft hat den Edge-Browser deshalb mit einem Phishingfilter namens SmartScreen versehen. In der Standardeinstellung prüft der alle Webadressen, die Sie öffnen bzw. anklicken.

1. Wann immer Sie eine Adresse eingeben, einen Link anklicken oder sonst wie eine Webseite im Edge-Browser öffnen, gleicht der SmartScreen-Filter die Adresse mit seiner internen Liste ab. Ist sie darin nicht enthalten, übermittelt er die URL dieser Webseite an einen Server bei Microsoft und lässt sie dort überprüfen. Sie selbst bemerken davon zunächst nichts.

2. Ergibt die Überprüfung nichts verdächtiges, wird die Webseite angezeigt, und Sie können unbesorgt weitersurfen.

3. Sollte die Adresse vermerkt sein oder der Edge-Browser aus anderen Gründen stutzig werden, verweigert er zunächst das Anzeigen der

Webseite. Stattdessen gibt er einen Warnhinweis aus. Gleichzeitig wird im Adressfeld ein farbiger Hinweis *Verdächtige Website* oder *Gefährlich* angezeigt. Hier können Sie schnell sehen, ob wirklich die Seite angesteuert wird, die Sie öffnen wollten.

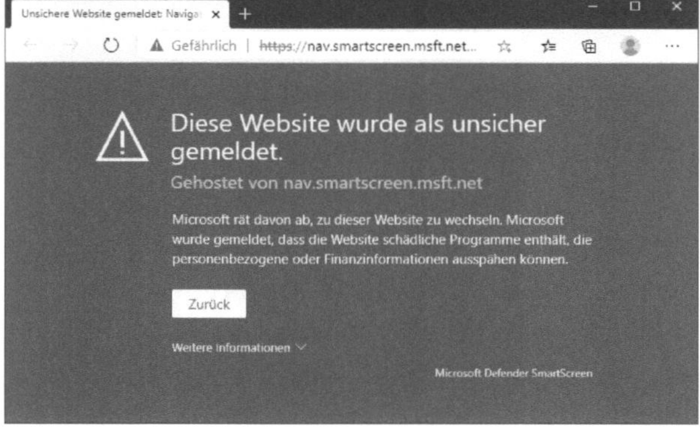

4. Sollten Sie sicher sein, dass der SmartScreen-Filter falsch liegt, können Sie *Weitere Informationen* aufklappen und dort die Seite mit *Weiter zur unsicheren Website* trotzdem besuchen. Schlagen Sie die Warnungen des Edge-Browsers aber besser nicht voreilig in den Wind.

5. Hat man Sie tatsächlich ungewollt auf eine unerwünschte Seite gelotst, besteht kein Grund zur Panik. Der Edge-Browser hat diese Seite noch gar nicht geöffnet. Klicken Sie gegebenenfalls auf *Zurück* oder schließen Sie den Tab einfach, um schnell das Weite zu suchen und sich in sichere Gefilde zu begeben.

> **SmartScreen deaktivieren**
> Sollten Sie zusätzliche Software für den Schutz vor gefährlichen Webseiten einsetzen, können Sie den SmartScreen-Filter in Edge ggf. deaktivieren. Öffnen Sie dazu die Einstellungen in der Rubrik *Datenschutz und Dienste*. Hier können Sie ganz unten im Abschnitt *Dienste* die Option *Microsoft Defender SmartScreen* ausschalten.

Edge-Browser mit Erweiterungen aufwerten

Als Browser-Erweiterungen bezeichnet man das Ergänzen der Funktionalität durch Module, die Anwender nach eigenem Bedarf installieren und nutzen können. Typische Beispiele sind Werbeblocker oder Passwortmanager, die weit über die Basisfunktionen des Webbrowsers hinausgehen und sich vom Benutzer flexibler anpassen lassen. Solche Erweiterungen können vom Browser-Entwickler selbst angeboten werden, aber auch von anderen unabhängigen Entwicklern. Auch Cloud-Dienste oder Apps bieten oftmals eigene Erweiterungen an, mit denen ihre Funktionen direkt in den Browser integriert werden.

Erweiterungen in Edge installieren

Um eine Erweiterung zu nutzen, muss sie einmalig heruntergeladen und installiert werden. Danach wird sie bei jedem Browserstart mit aktiviert und stellt ihre Funktionen automatisch zur Verfügung.

1. Um eine Erweiterung zu installieren, öffnen Sie das Menü des Edge-Browsers und wählen den Menüpunkt *Erweiterungen*.

2. Dadurch werden in der Seitenleiste die installierten Erweiterungen angezeigt. Anfangs ist diese Liste noch leer bzw. mit Vorschlägen gefüllt. Das können Sie schnell ändern, indem Sie auf den Link *Holen Sie sich Erweiterungen aus dem Microsoft Store* klicken.

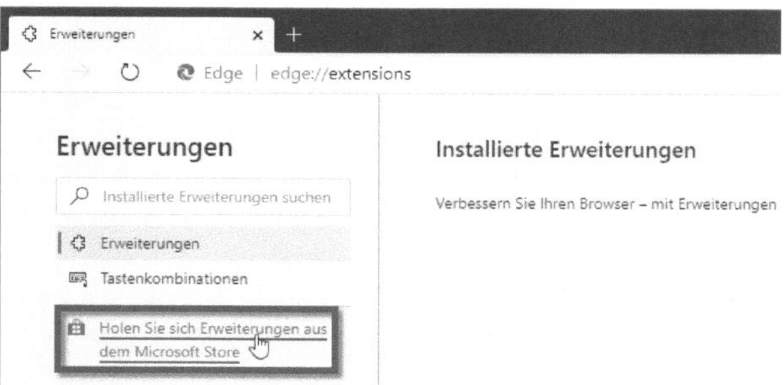

3. Damit öffnen Sie den Microsoft Store direkt in der passenden Kategorie mit einer Übersicht der verfügbaren Erweiterungen. Wenn Sie einen der hier vertretenen Dienste verwenden, lohnt es sich ggf., auch dessen Erweiterung zu installieren. Ansonsten empfiehlt sich AdBlock als Browser-Erweiterung zum automatischen Ausblenden von Onlinewerbung.

4. Wenn Sie eine der Erweiterungen anklicken, gelangen Sie zu deren Detailseite und können hier auf die *Abrufen*-Schaltfläche klicken, um sie einzurichten.

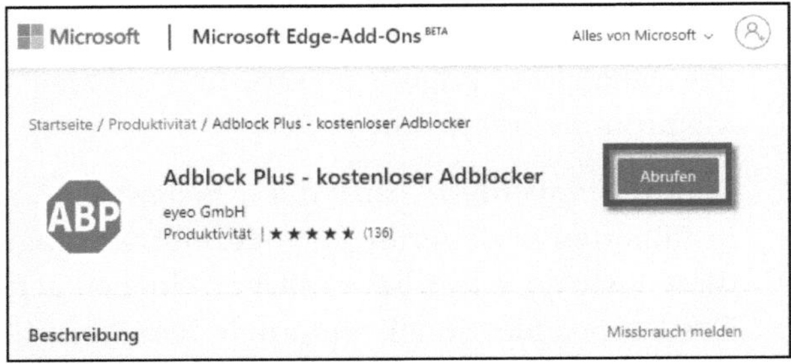

5. Warten Sie ggf. kurz ab, bis das Herunterladen beendet ist. Sie werden nun gefragt, ob die Erweiterung in den Browser integriert werden soll. Klicken Sie auf *Erweiterung hinzufügen*, um dies zu gestatten.

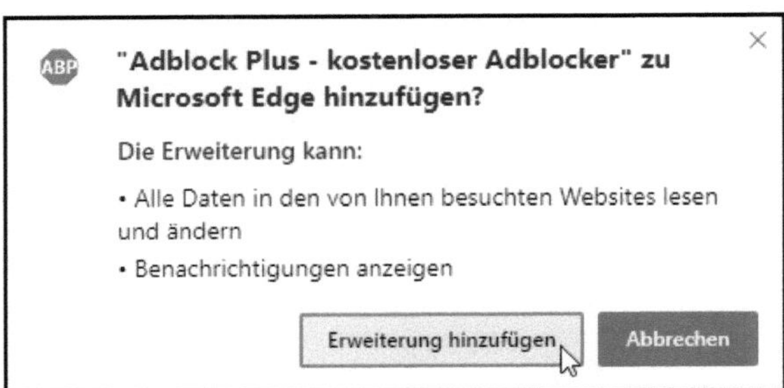

6. Im Fall von AdBlock wird anschließend noch eine Webseite mit zusätzlichen Informationen geöffnet.

Das wars auch schon. Ab sofort ist die Erweiterung in Ihrem Edge-Browser aktiv. Optisch macht sich das häufig in einem neuen Symbol in der Symbolleiste oder an zusätzlichen Menüeinträgen bemerkbar.

Chrome-Erweiterungen in Edge installieren

Einer der Gründe für den Wechsel vom ursprünglichen Edge-Browser zur jetzigen Chrome-basierten Version waren die verfügbaren Erweiterungen. Da der Edge-Browser nie sehr verbreitet war, gab es auch nur eine überschaubare Anzahl von Erweiterungen dafür. Dank der neuen Basis steht auch Edge-Benutzer nun aber die riesige Auswahl von Chrome-Erweiterungen zur Verfügung. Um diese zu nutzen, sind allerdings folgende Schritte erforderlich:

1. Öffnen Sie wie vorangehend beschrieben im Hauptmenü die Übersicht der *Erweiterungen*.

2. Schalten Sie dort links unten in der Seitenleiste die Option *Lassen Sie Erweiterungen aus anderen Stores zu* ein. Nur so lassen sich Erweiterungen aus anderen als dem Microsoft Store installieren.

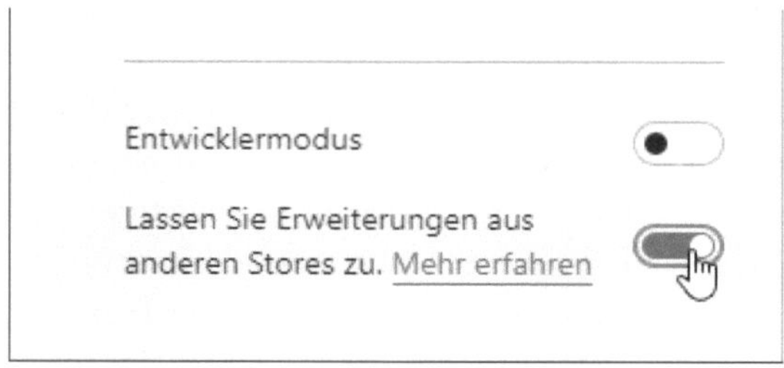

3. Bestätigen Sie den Sicherheitshinweis mit *Zulassen*.

4. Nun können Sie im Edge-Browser jederzeit den Chrome-Webstore öffnen, indem Sie die Webadresse *chrome.google.com/extensions* aufrufen.

5. Wenn Sie dort eine interessante Erweiterung gefunden haben, klicken Sie auf deren *Hinzufügen*-Schaltfläche.

6. Edge erkennt automatisch, dass Sie ein Plugin installieren wollen. Er zeigt an, welche Berechtigungen die Erweiterung erfordert und bitte um Zustimmung, sie hinzuzufügen

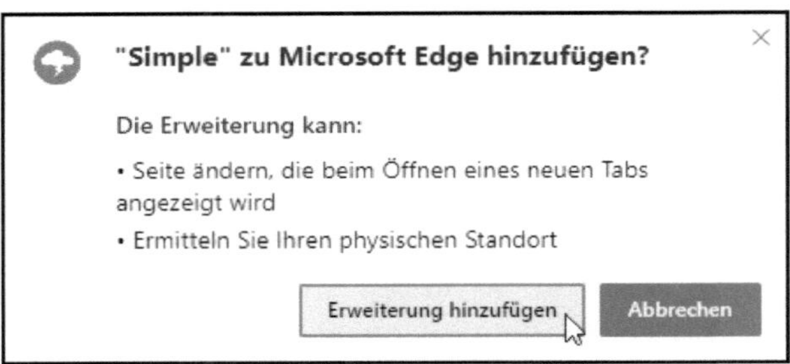

<u>Erweiterungen aus „fremden" Quellen deaktivieren</u>
Wenn Sie die Option für Erweiterungen aus anderen Stores wieder deaktivieren, werden damit automatisch auch alle Erweiterungen deaktiviert, die nicht aus dem Microsoft Store stammen. Tun Sie dies also wirklich nur, wenn Sie keinerlei „fremde" Erweiterungen mehr einsetzen.

Erweiterungen nutzen und steuern

Je nach Verwendungszweck arbeiten Erweiterungen unauffällig im Hintergrund oder machen sich mit Symbolen oder Menüeinträgen bemerkbar. Das ist bei jeder Erweiterung etwas anders, deshalb ist die nachfolgende Beschreibung der AdBlock-Erweiterung nur als Beispiel zu verstehen.

1. AdBlock fügt sein Symbol in die Symbolleiste des Browsers ein. Ist es mit einer Zahl versehen, erkennen Sie daran, dass AdBlock bei der aktuell angezeigten Webseite Elemente blockiert hat. Sie können auf das Symbol klicken bzw. tippen, um mehr zu erfahren.

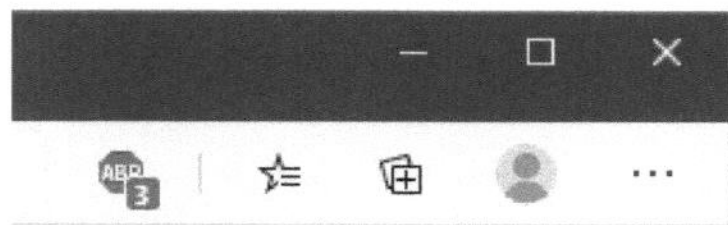

2. Dann sehen Sie in einem eigenen Dialog, wie viele Elemente AdBlock auf dieser Seite und insgesamt blockiert hat. Sollte die Webseite dadurch nicht korrekt funktionieren, können Sie mit den Schaltern AdBlock nur für die konkrete Webseite oder für das gesamte Webangebot deaktivieren.

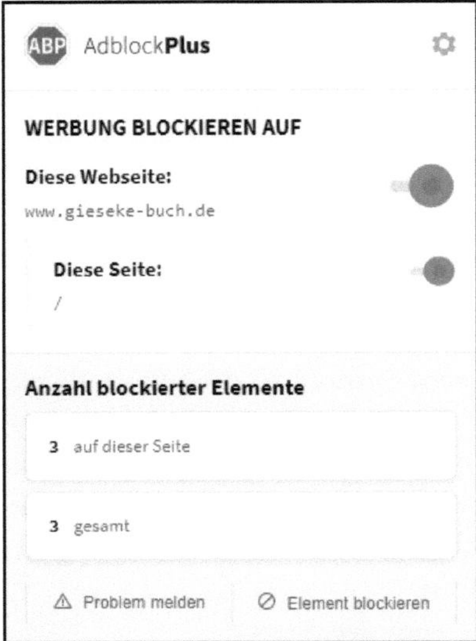

3. Jede installierte Erweiterung wird in der Liste aufgeführt, die Sie im Edge-Menü unter *Erweiterungen* abrufen können. Mit einem Klick auf *Details* öffnen Sie einige allgemeine Optionen, die Sie in dieser Form für alle Erweiterungen einstellen können. Ebenso können Sie nicht mehr benötigte Erweiterungen *Entfernen*.

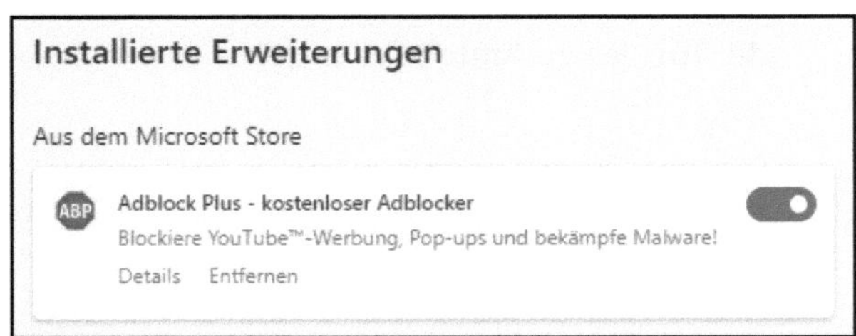

4. In den Einstellungen sehen Sie die Berechtigungen, die dieser Erweiterung

eingeräumt wurden. Sie können den Zugriff auf bestimmte Websites nur für dieses Plugin ausschließen oder es auch auf bestimmte Adressen beschränken. Außerdem lässt sich festlegen, ob die Erweiterung auch in InPrivate-Sitzungen aktiv sein darf (was im Allgemeinen aber nicht zu empfehlen ist).

5. Ganz unten in diesen allgemeinen Einstellungen rufen Sie mit *Erweiterungsoptionen* die spezifischen Einstellungen der jeweiligen Erweiterung auf. Damit lassen sich Verhalten und Erscheinungsbild teilweise sehr detailliert festlegen. Das hängt aber ganz von der jeweiligen Erweiterung ab.

Weitere hilfreiche Edge-Funktionen

Edge bringt noch eine Reihe weiterer praktischer Funktionen und Werkzeuge mit, die ich Ihnen zum Abschluss dieses Kapitels vorstellen möchte.

Browser-Task-Manager – falls Edge mal „hängt"

Den Task-Manager von Windows kennt wohl jeder Benutzer. Hier kann man nachschauen und nachhelfen, wenn eine Anwendung mal „hängt" und sich nicht anders beenden lassen will. Edge bringt seinen eigenen Task-Manager mit. Das trägt der Tatsache Rechnung, dass der Browser mittlerweile immer Aufgaben erledigen muss. Nicht nur ein oder mehrere Tabs sollen angezeigt werden, auch

Erweiterungen müssen betrieben oder Web-Anwendungen ausgeführt werden. Um dem Benutzer Einblicke und Eingriffe in dieses Aufgabengeflecht zu ermöglichen, ist der Browser-Task-Manager ein gute Hilfe.

1. Öffnen können Sie ihn über das Menü unter *Weitere Tools/Browser-Task-Manager* oder alternativ schneller mit dem Tastenkürzel **[Umschalt]** + **[Esc]**.

2. Der so geöffnete Dialog zeigt eine Liste der vom Browser derzeit ausgeführten Aufgaben an. Zu jedem Eintrag sehen Sie, wieviel *Speicher* und *CPU*-Kapazität dieser Prozess verbraucht. Nach diesen Kategorien können Sie die Liste auch sortieren.

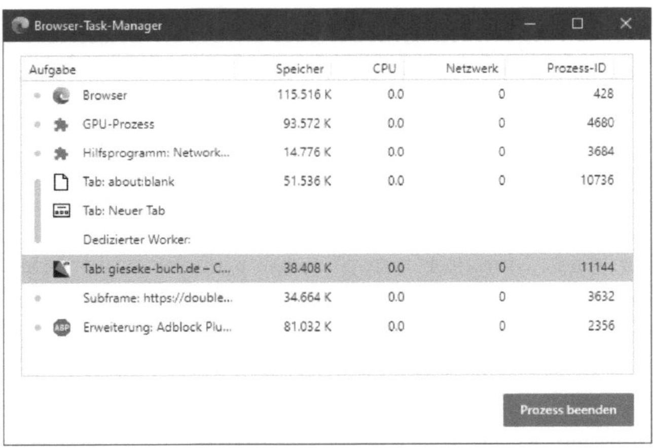

3. Sollte eine bestimmte Webseite oder Erweiterung „hängen", markieren Sie diese in der Liste und klicken Sie rechts unten auf *Prozess beenden*.

Spannende Webinhalte mit anderen teilen

Wenn Sie im Web auf spannende Informationen stoßen, die Sie gern mit anderen teilen möchten, geht das ganz unkompliziert mit der Teilen-Funktion von Windows. Diese ist auch in Edge integriert. Sie bietet eine Schnittstelle zu anderen Apps, über die die Adresse der aktuell angezeigten Webseite schnell und einfach übermittelt werden kann.

> ### Teilen direkt in der Symbolleiste
> Wenn Sie häufiger Inhalte mit anderen teilen möchten, empfiehlt es sich, ein Teilen-Symbol direkt in der Symbolleiste zu platzieren. Die Einstellungen dafür sind auf S. 56 beschrieben.

1. Um die aktuell angezeigte Webseite weiterzugeben, wählen Sie im Menü von Edge die Funktion *Teilen*.

2. Damit blenden Sie die Freigeben-Funktion ein. Diese enthält einen Eintrag für jede App, die mit dieser Art von Inhalt (in dem Fall also eine Webseite) etwas anfangen kann. Standardmäßig sind das zumindest die mitgelieferten *Link kopieren*, *Mail* oder *OneNote*. Wenn Sie beispielsweise Apps von sozialen Netzwerken

wie Facebook oder Twitter installieren, tragen diese sich ggf. auch in diese Liste ein.

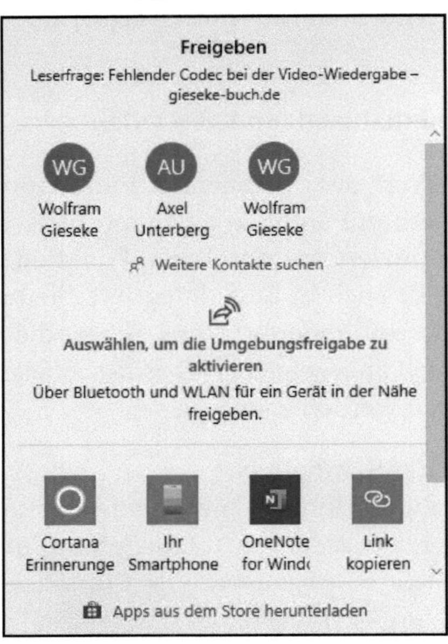

3. Klicken Sie die gewünschte App in der Liste an und warten Sie, bis der Browser Ihren Wunsch verarbeitet hat. Je nach gewählter App wird die Webseite bzw. deren Adresse direkt weitergegeben, oder es folgt noch ein zusätzlicher Dialog, in dem Sie beispielsweise den Empfänger auswählen sowie eine Anmerkung oder ähnliches ergänzen können. Mail etwa füllt ein Mailformular aus, in dem Sie nur noch die Empfängeradresse anzugeben brauchen.

Automatische Wiedergabe unterdrücken

Schon seit Anbeginn des Webs nerven Webseiten, die beim Öffnen automatisch Klänge oder Videos abspielen. Gerade wenn der Lautstärkeregler recht hoch eingestellt ist, kann man einen ordentlichen Schreck oder ggf. Ärger mit dem Büronachbarn bekommen.

Um solche Situationen zu vermeiden, bringt Edge die Möglichkeit mit, die automatische Audiowiedergabe auf Webseiten zu blockieren oder zumindest auf ein erträgliches Maß zu beschränken. Auf die Wiedergabe müssen Sie dabei nicht grundsätzlich verzichten. Sie startet aber nur, wenn Sie der Webseite das Recht dazu eingeräumt haben.

In den Einstellungen von Edge finden Sie dazu die Möglichkeit, das automatische Wiedergeben global zu steuern. Diese Optionen gelten immer, solange für eine Webseite keine abweichenden Einstellungen festgelegt sind (siehe nachfolgender Abschnitt).

1. Öffnen Sie die *Einstellungen* und wechseln Sie dort in die Rubrik *Websiteberechtigungen*.

2. Klicken Sie rechts in der Liste recht weit unten auf den Eintrag *Automatische Medienwiedergabe*.

3. Im folgenden Dialog können Sie eine von zwei möglichen Optionen einstellen:

▶ *Zulassen*: Wenn eine Webseite Audio- und/oder Videoelemente enthält, die beim Öffnen automatisch abgespielt werden sollen, tut Edge dies.

▶ *Einschränken*: Audio- und Videoelemente werden prinzipiell zunächst wiedergegeben. Im Tab-Reiter einer solchen Webseite finden Sie aber ein Lautstärkesymbol, mit dem Sie die Wiedergabe stumm schalten können. Edge „merkt" sich diese Einstellungen und schaltet bei zukünftigen Besuchen derselben Seiten automatisch auf stumm.

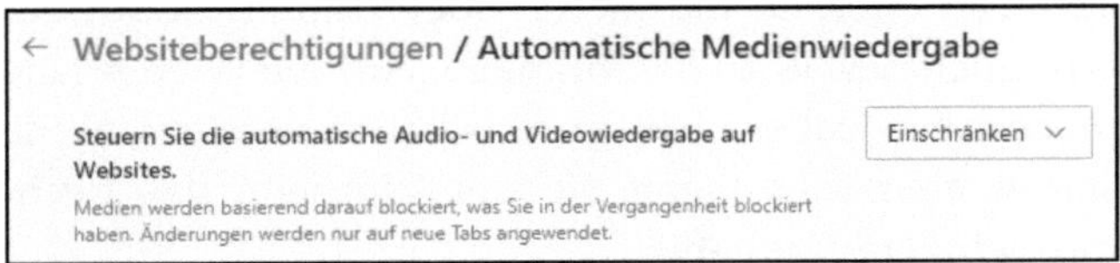

Automatische Wiedergabe global blockieren

In der vorangehend vorgestellten Einstellung fehlt die Möglichkeit, das automatische Wiedergeben in Webseiten grundsätzlich zu blockieren. Dies ist aber mit einem kleinen Eingriff trotzdem möglich:

1. Tippen Sie im Adress- & Suchfeld von Edge die Adresse *edge://flags* ein.

2. Lokalisieren Sie – am Besten mit Hilfe des Suchfeldes – in der langen Liste den Eintrag *Show block option in autoplay settings*.

3. Stellen Sie dort im Menü rechts die Option *Enabled* ein.

4. Klicken Sie dann rechts unten auf *Neu starten*.

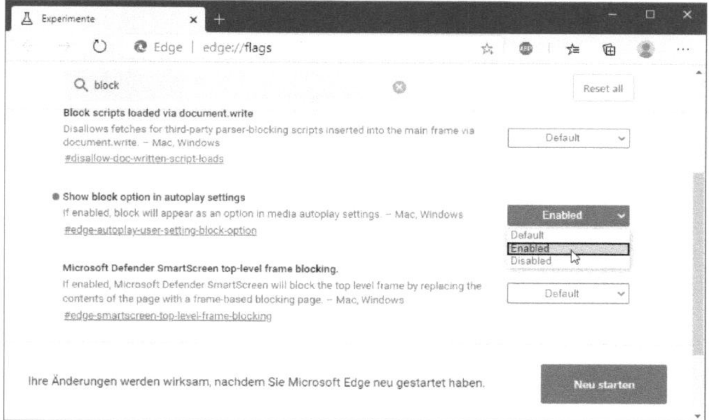

Wenn Sie nun die im vorangehenden Abschnitt beschriebene Einstellung für automatisches Wiedergeben erneut öffnen, finden Sie zusätzlich die Auswahl *Block* vor. Damit wird die automatische Wiedergabe automatisch global blockiert. Ausnahmen für einzelne Webseiten sind nach wie vor möglich.

Rechtschreibprüfung im Webbrowser

Wenn Sie Ihre E-Mails über einen Webmailer schreiben oder sich vielleicht gerne in Online-Foren einbringen, dann kann eine Rechtschreibprüfung hilfreich sein. Die kann bei der Eingabe gleich auf Tippfehler und ähnliches hinweisen. Edge hat eine solche Rechtschreibprüfung eingebaut, die Sie automatisch verwenden können, wann immer Sie Formularfelder ausfüllen.

1. Öffnen Sie die Edge-Einstellungen in der Rubrik *Sprachen*.

2. Hier finden Sie rechts den Abschnitt *Rechtschreibprüfung aktivieren*.

3. Darin können Sie wählen, für welche Sprachen die Rechtschreibprüfung aktiviert werden soll. Wenn Sie auch englische Texte verfassen, sollten Sie beispielsweise auch diese Sprache einschalten. Edge erkennt jeweils automatisch, welche Sprache verwendet wird.

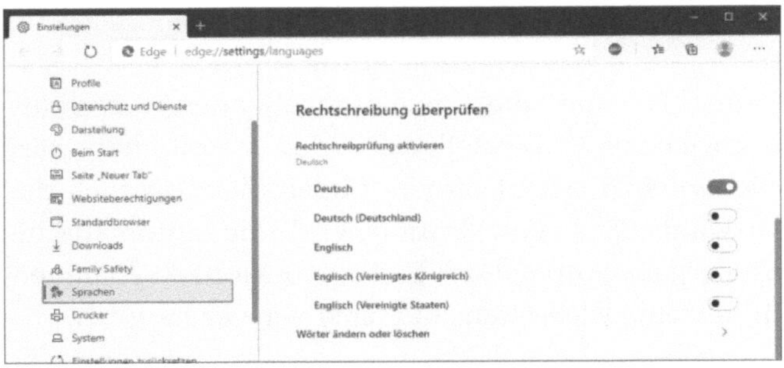

<u>Weitere Sprachen hinzufügen</u>

Sie beherrschen weitere Sprachen, in denen Sie gelegentlich schreiben möchten? Ganz oben in den Spracheinstellungen von Edge finden Sie rechts die Schaltfläche *Sprachen hinzufügen*. Im so geöffneten Dialog lokalisieren Sie das gewünschte Sprachpaket (ggf. mit Hilfe des Suchfeldes), setzen dort ein Häkchen und klicken dann auf *Hinzufügen*.

Die Rechtschreibprüfung wird automatisch aktiviert, wenn Sie ein größeres Formularfeld ausfüllen. Bei kleineren Eingaben wie beispielsweise

Benutzernamen reagiert sie also sinnvollerweise nicht. Wenn Sie ein Wort eintippen, dass die Rechtschreibprüfung (so) nicht kennt, wird dieses rot unterstrichen. Sie können es dann selbst überprüfen und ggf. korrigieren, oder Sie klicken mit der rechten Maustaste darauf.

▷ Wenn die Rechtschreibprüfung einen oder mehrere Vorschläge für die richtige Schreibweise hat, finden Sie diese ganz oben im Kontextmenü. Durch Anklicken ersetzen Sie das fehlerhafte Wort im Text durch die korrigierte Fassung.

▷ Falls das Wort korrekt geschrieben ist und die Rechtschreibprüfung es nur nicht kennt, können Sie es *Zum Wörterbuch hinzufügen*. So lernt die Korrekturfunktion hinzu.

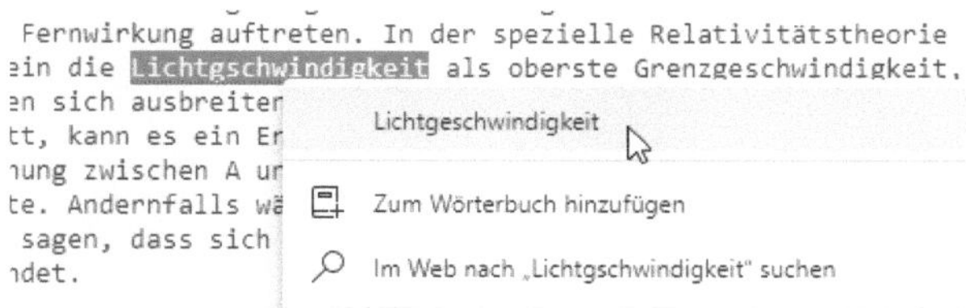

Sie können während einer Eingabe auch jederzeit mit rechts auf einen leeren Bereich des Formulars klicken. Im so geöffneten Kontextmenü finden Sie ein Untermenü *Rechtschreibung überprüfen*. Dieses gibt Ihnen die Möglichkeit, bei Bedarf zu einer anderen Sprache zu wechseln oder das automatische Überprüfen abzuschalten, falls es mehr irritiert als nützt.

Zum Schluss…

…möchte ich Ihnen für Ihre Aufmerksamkeit danken. Ich hoffe, Sie haben in diesem detaillierten Überblick zum Frühjahr 2020-Update viel Neues und Interessantes entdecken und gewinnbringend nutzen können.

Wenn Sie Fragen haben, Feedback loswerden oder Ihre eigenen Erfahrungen teilen möchten, besuchen Sie mich im Internet unter **www.gieseke-buch.de**. Hier finden Sie auch weitere Informationen und Tipps zu diesem und anderen Themen meiner Bücher.

Eine Bitte in eigener Sache

Ich freue mich, wenn Sie Ihre positiven Eindrücke an andere interessierte Leser weitergeben, etwa durch **persönliche Empfehlungen**, **Rezensionen** auf einer der einschlägigen Plattformen oder auch durch Hinweise **in Foren oder sozialen Netzwerken**.

Dieser Titel ist ohne Marketing-Budget und Vertriebsstrukturen großer Verlage erschienen, denen das Thema nicht profitabel genug erschien. Deshalb ist **Mund-zu-Mund-Propaganda** besonders wichtig. Wenn Sie also der Meinung sind, dass dieses Buch auch für andere Leser interessant und hilfreich sein könnte, dann **sagen Sie es bitte weiter**.

Vielen Dank.

Stichwortverzeichnis

Weitere Bücher der gEdition.de-Reihe